青弓社
99
ライブラリー

総中流の始まり

団地と生活時間の戦後史

渡邉大輔／相澤真一／森 直人［編著］
東京大学社会科学研究所附属社会調査・データアーカイブ研究センター［編］

青弓社

総中流の始まり

団地と生活時間の戦後史

目次

第2章　団地での母親の子育て　石島健太郎　44

カバー写真——共同通信社提供
装丁——Malpu Design［清水良洋］

はじめに

相澤真一／渡邉大輔

団地と総中流という問題設定

一九七〇年代は、日本社会が「総中流」であるかどうかをめぐって激しく議論が交わされた時代だった。[1] そこでは、日本社会全体が「総中流」であるかのように豊かになった感覚を共有しながら、[2] そこにどのような不平等や社会問題が残存しているのかが議論された。この当時、本当に日本社会全体が「総中流」だったのかを研究したものは多い。[3] 一方で、人々が中流意識を共有するうえで前提となった根拠として、この時期に「総中流」といえるような日本型の「中」くらいの生活が現出しつつあったと見られるだろう。[4]

日本の産業革命は、早くは明治期後半から起きていたと考えられている。[5] だが、その経済成長の果実を国民全体が実感できたのは、戦後の高度経済成長期だろう。[6] 戦後日本の高度成長期は、農民層の分解期と重なり、急激に雇用社会にシフトしていく時期でもあった。[7] このなかで、農民と雇用労働者の違いが見えづらくなるだけでなく、製造業優勢の社会に変わる過程で、戦前ならば工員と社員の違いとして厳然とあったブルーカラーとホワイトカラーの雇用者の違いも見えづらくなった。[8]

農村での仕事が減っていく一方、都市部の労働需要が急増したため、人々は仕事を求めて都市に移り住み、都市での住宅需要が急速に高まった。そのため、都市部の住宅供給が問題になった。しかし、日本では、この問題は郊外住宅地を開発する「持ち家政策」をはじめ、市場に任せた対応が中心であった。[9]だが、そのなかから他国と同様、公団・公社を含めた公益性の高い団体が計画的に住宅を建設する動きが各地で見られるようになる。そこで形成されたのがニュータウンや団地などの集合住宅だった。[10]同じような形をした建物のなかで、同じような間取りの部屋に住まい、同じような場所に勤務する。日本社会の「総中流」の始まりは、このような人工的な集合住宅に居住することによって形成されたとは見られないだろうか。[11]団地とは、標準化された近代労働者の生活を作り出し、近代核家族が生活を営む場であった。[12]

そこで、本書では、「総中流」の論争や調査票の回答での「中意識」の位置づけには触れず、生活文化の次元で、日本の「総中流」の時代の「始まり」を実証的に描き出すことを試みる。

本書の副題は、「団地と生活時間の戦後史」である。団地のなかの生活時間に焦点を当てて、戦後日本社会で「普通の生活」として語られてきた情報を取り出し、そこから、戦後日本社会での「総中流の始まり」をみつけていこうとする。本書の第5章で取り上げるように、戦後に建設された団地はさまざまに社会学的な関心を呼び起こした。しかしながら、本書で復元再分析の対象となった神奈川県民生部の「団地居住者生活実態調査」では、当時の生活構造を取り出そうとする意図がうかがえる。当時は、この調査での生活時間のデータは手計算で集計するよりほかに手段がなかった。そこで、本書では、当時のデータを現在の技術を使って復元し再分析しながら、当時の資料と突き合わせていくことによって、「総中流」の始まりを見いだしていくことにする。

本書の構成

本書の第1章から第4章まででは、「団地居住者生活実態調査」の再分析によって、労働者の生活（第1章）、母親の生活（第2章）、子どもの生活（第3章）、家族の生活とテレビ（第4章）に注目する。そのうえで、当時の団地が、どのように社会学あるいは社会科学の研究者たちの想像力をかきたてたのかを当事者と観察者の視点から検討する（第5章）。「団地居住者生活実態調査」を復元し、再分析する過程については、補章にまとめた。

各章の概略を具体的に説明する。

第1章「普通の時間の過ごし方の成立とその変容——高度経済成長期の団地生活での一日のあり方」（渡邉大輔）では、系列分析によるパターン化の手法を用いながら、団地に住む人々の生活を分類する。本書で対象とするデータでは、七七・五％が夫婦と未婚の子どもの世帯であり、均質化した世帯が生活を営んでいることがわかる。父親の多くは、東京・横浜・川崎などに仕事に行くものの、夫の平日の生活時間は「バランス型長時間通勤」「バランス型長時間就労」などの五パターンに分かれ、妻の平日の生活時間も同様に「家事と余暇両立」「家事中心」「仕事中心」などの五パターンに分類できる。ここからその一端がうかがえるように、団地に移り住んだ人々の「普通の生活」を再現することによって、核家族による性別役割分業という近代家族の形が作られていくことを明らかにする。

第2章「団地での母親の子育て」（石島健太郎）では、母親の育児時間が考察対象となる。核家族化が進行し、女性が専業主婦になっていくなかで、子どもが生まれると女性は子育てに注力せざるをえなかった。その様子を母親の友人関係や父親の生活時間の要因も含めて多変量解析で示している。また、そのなかで、全体として家事・育児時間が長い世帯とそうでない世帯があったことや同世代の母親たちが互助的な関係を近所のなかで新しく作っていることが示される。現代の母親のイメージに連なる子育てする「普通のママ」の始まりがこの章から見えてくる。

第3章「団地のなかの子どもの生活時間」（相澤真一）は、当時は集計されなかった「子供など夫婦以外の世帯員生活時間表」を入力・再集計することによって、当時の団地の子どもの生活を浮かび上がらせる。その結果、農家では必要だった農業労働や手伝いから解放された一方、多くの子どもたちはよく遊び、家庭学習をし、テレビをよく見るという姿が浮かび上がってくる。みんなが家庭学習をしてテレビを見ていた点で、「総中流」の時代の子どもの生活の始まりを見ることができる半面、習い事や塾、部活動による長時間の学校の拘束などは進んでおらず、現代からすれば過渡的な時期にあった子どもの生活のありようがこの章から見えてくる。

第4章「団地のなかのテレビと「家族談笑」」（森直人／渡邉大輔／相澤真一）では、第3章でも注目するテレビが、いつの時間帯に、どの家族構成員が、どのような番組を視聴することによって茶の間の中心に入り込んでいき、団地居住者の生活文化の中心的存在になったかについて述べる。この分析から、テレビを囲んだ「家族談笑」が全階層を横断する「総中流」の始まりが見えてくる。

そして、第5章「団地と「総中流」社会——一九六〇年代の団地の意味」（祐成保志）では、「団地居住者生活実態調査」のデータ分析から離れて、団地という社会空間と本書が扱う社会調査の関係を検討し、当時の生活状況を社会学史あるいは住宅の社会史の観点から読み解いていく。団地というフィールドが社会学者の調査認識だけではなく、計画者、居住者の思考や行動に影響を及ぼし、総中流社会の主観的基盤になっていったことがこの章から見えてくる。

補章「「団地居住者生活実態調査」の概要とデータ復元について」（渡邉大輔／森直人／相澤真一）で「団地居住者生活実態調査」の概要と復元過程にふれたうえで、「おわりに」では、団地だけでは語れないその後の「総中流」の生活の展開、例えば、その後、持ち家に移って郊外住宅地を形成していくことなどに着目し、「始まり」を見せた「総中流」のその後の展開について言及する。

なお、各章の末尾に「コラム」を付し、各章で扱いきれなかった話題にもふれる。

注

（1）当時のこの論争には、社会学からは富永健一が代表になった一九七五年の「社会階層と社会移動調査」（SSM調査）が基礎的データを提供した（富永健一編『日本の階層構造』東京大学出版会、一九七九年）。一方で、論者として経済学者の村上泰亮（関連主著に『新中間大衆の時代――戦後日本の解剖学』〔中央公論社、一九八四年〕）が挙げられる。ただし、村上は「総中流」という表現は避けている。なお、この総中流の論争をのちの時代から体系的にまとめたものとして、森直人「「総中流の思想」とは何だったのか――「中」意識の原点をさぐる」（東浩紀／北田暁大編『思想地図』vol.2 所収、日本放送出版協会、二〇〇八年）、神林博史「「総中流」と不平等をめぐる言説――戦後日本における階層帰属意識に関するノート（3）」（「東北学院大学教養学部論集」第百六十一号、東北学院大学学術研究会、二〇一二年）、満薗進「日本における中流意識の歴史的展開――消費史との関係を中心に」（「歴史と経済」第二百二十七号、政治経済学・経済史学会、二〇一五年）などが挙げられる。

（2）前掲の富永健一編『日本の階層構造』は、一九五五年から階層帰属意識で中と答える人が増加していき、七五年のSSM調査で中の上と答える人々が二三・四％、中の下と答える人が五三・〇％で、両者の合計が七五％を超えることに注目した。

（3）注（1）に示した研究などのほか、例えば数土直紀は、前述のSSM調査を一九五五年から二〇〇五年まで通時的に扱うことで、二〇〇〇年代の階層帰属意識の構造を明らかにしている（数土直紀『日本人の階層意識』〔講談社選書メチエ〕、講談社、二〇一〇年）。一方、吉川徹は、調査手法の面から疑問を呈しつつ（吉川徹「総中流の輿論と世論」、三田社会学会編「三田社会学」第十七号、三田社会学会、二〇一二年）、総合的に『現代日本の「社会の心」――計量社会意識論』（有斐閣、二〇一四年）などでまとめている。

（4）吉川の前掲「総中流の輿論と世論」とは異なり、森の前掲「「総中流の思想」とは何だったのか」では、さまざまな調査で、国際的にも日本で通時的に見ても、日本の戦後社会が特異に階層帰属意識が低かったのに対して、この時期にほかの調査でも「回復」傾向が見られることを指摘する。ここに、高度経済成長が影響していることは間違いないだろう。高度経済成長を経済と生活実態の面から包括的に論じたものとして、吉川洋『高度成長――日本を変えた六〇〇〇日』（〔中公文庫〕、中央公論新社、二〇一二年）と香西泰『高度成長の時代――現代日本経済史ノート』（〔日経ビジネス人文庫〕、日本経済新聞社、二〇〇一年）を参照。

（5）明治日本の産業革命については、石井寛治『日本の産業革命――日清・日露戦争から考える』（〔朝

日選書〕、朝日新聞社、一九九七年）や南亮進／牧野文夫『日本の経済発展 第三版』（東洋経済新報社、二〇〇二年）を主に参照。

（6）前掲『高度成長の時代』、前掲『高度成長』

（7）農民層分解の社会学的解明としては、橋本健二「戦後日本の農民層分解」（原純輔編『近代化と社会階層』〔「日本の階層システム」第一巻〕所収、東京大学出版会、二〇〇〇年）。高度経済成長と教育拡大が同時期に起きた日本の産業化の特徴については、苅谷剛彦『階層化日本と教育危機――不平等再生産から意欲格差社会へ』（有信堂高文社、二〇〇一年）の第一章、第二章に詳しい。

（8）工員の賃労働の成立については、隅谷三喜男による『日本賃労働の史的研究』（御茶の水書房、一九七六年）を参照。また、その後、戦前期日本企業の労働制度を丹念に調べたものとして、丹野勲「戦前の日本企業の労働制度と労務管理――奉公人・職人制度、内部請負制、社員と工員の身分格差、養成工制度を中心として」（「国際経営論集」編集委員会編「神奈川大学国際経営論集」第四十三号、神奈川大学経営学部、二〇一二年）が挙げられる。また、このような労使の身分関係の通史としては、アンドルー・ゴードン『日本労使関係史――1853―2010』（二村一夫訳、岩波書店、二〇一二年）が挙げられるほか、社会学から実際に戦後の変化を見るべく企業のデータを整理したものとして、菅山真次『「就社」社会の誕生――ホワイトカラーからブルーカラーへ』（名古屋大学出版会、二〇一一年）や橋本健二編『戦後日本社会の誕生』（弘文堂、二〇一五年）、小熊英二『日本社会のしくみ――雇用・教育・福祉の歴史社会学』（〔講談社現代新書〕、講談社、二〇一九年）が挙げられる。

（9）戦後日本社会の持ち家政策の系譜については、平山洋介『住宅政策のどこが問題か――〈持家社会〉の次を展望する』（〔光文社新書〕、光文社、二〇〇九年）を参照。

（10）戦後日本のニュータウンや団地の誕生期からそれぞれのコミュニティの形成期を歴史的に扱ったも

のとしては、金子淳『ニュータウンの社会史』(〔青弓社ライブラリー〕、青弓社、二〇一七年)、原武史/重松清『団地の時代』(〔新潮選書〕、新潮社、二〇一〇年)、原武史『団地の空間政治学』(〔NHKブックス〕、NHK出版、二〇一二年)などを参照。

(11) このような社会学的調査対象としての団地の可能性については、第5章「団地と「総中流」社会——一九六〇年代の団地の意味」(祐成保志)で議論する。

(12) 近代核家族と住居の関係については、西川祐子の「日本型近代家族と住まいの変遷」(〔立命館言語文化研究〕第六巻第一号、立命館大学、一九九四年)や『住まいと家族をめぐる物語——男の家、女の家、性別のない部屋』(〔集英社新書〕、集英社、二〇〇五年)を参照。

第1章　普通の時間の過ごし方の成立とその変容
――高度経済成長期の団地生活での一日のあり方

渡邉大輔

はじめに――「普通」の過ごし方

小学生のころ、夏休みをどのように過ごすのか一日のスケジュール表や生活表を作成したことはないだろうか。そこでは、例えば次のようなスケジュールを立てる。朝六時に起きてラジオ体操に行き、七時からは家族とごはんを食べ、八時からは宿題をする。十時半から手伝いをして、十二時に母親やきょうだいと昼ごはんを食べる。十二時半から三十分昼寝をして十三時から十七時までは遊ぶ。帰宅してテレビアニメを見て、十九時から家族でごはん、風呂に入って、二十時半からは本を読み、二十一時半に就寝する。実際に、立てたスケジュールどおりの夏休みを過ごしたかはともかくとして、このようなスケジュールを立てた経験をもつ人は多いだろう。そして、とくに食事の時間や起床、就寝の時間は友人たちとそれほど変わらない人が多かったかもしれない。

このような時間の過ごし方を「普通」の過ごし方としてみよう。その場合、こうした過ごし方はどこまで普遍的なものだといえるのだろうか。農業従事者であればこのような「普通」の一日を考えることは難しいのではないか。なぜならば、農業には農繁期と農閑期といったように季節ごとに忙しさや日々の業務内容に違いがあり、また、雨が降る日と降らない日など天候によっても過ごし方が変わるからである。自然を相手にする職業では、自然に合わせて柔軟に一日を過ごすことが肝要であり、日々同じということはない。農業中心の社会では、生活を一日単位ではなく季節の変化を踏まえた年間の単位で循環的に捉える傾向にあるからだ。

ここからは、二十四時間・三百六十五日を均質に捉える時間意識というものが、近代特有のものであることがわかる。(1)私たちはごく自然に時間とは誰もが同じだと感じているが、このような時間感覚は、さらにはその時間の過ごし方に対する感覚は、資本主義化や産業構造転換、都市化などの近代における社会変化のうえに成立している点を忘れてはならない。ここでは、その背景について三点を指摘したい。

第一に、集団で同じように時間を過ごす術を学ぶ啓蒙空間の成立である。橋本毅彦・栗山茂久らは『遅刻の誕生』(2)で、明治初期は時間に対する規律がなかなか浸透しなかったが、次第に近代的な時間観念と時間に対する規律意識が形成されていく過程について多角的に論じている。そこでは、明治期の学校や工場、軍隊などで、個人を対象にした学びから一斉授業への変化などの諸制度が整備・徹底され、時間規律を励行し、時間観念を身体化していく営みやそのためのノウハウの蓄積を紹介している。このような時間感覚を学ぶ空間が諸領域で形成されることで、現在私たちが普通と感じるような時間管理の感覚が形成されていくようになった。

第二に、産業構造転換に伴う就労形態の変容が指摘できる。第二次・第三次産業での中心的就労形態は、生活の場と就労の場を分離させ、会社や工場に集まって仕事をするというものである。就労時間は就業者個人の都合よりも、工場の機械や組織の都合が優先され、集団として効率的に動き生産性を高められるような時間管理がおこなわれる。職住が分離した雇用労働が一般化することで、多くの労働者の生活時間が本人の意思よりも社会制度による影響によって構造化されていく。

第三に、メディアによる生活時間と時間のコード化という点も見逃せない。水越伸は一九二〇年代のアメリカでラジオ局の定時放送が開始されたこと、それで生活時間とラジオ番組の共起が図られるようになったこと、またラジオの番組表によって生活時間の組織化が図られるようになった点を指摘した(3)。本書が対象とする高度経済成長期は、メディアの中心がラジオからテレビへと移行した時期である。六五年の白黒テレビの普及率は九〇・〇％で、ほとんどの家庭にテレビがあり、多く視聴されていた。当然ながらテレビ放送は番組表に基づいて放送され、番組の内容は生活に合わせて編成されたし、その番組編成に合わせて生活していくという現象が起きていたと考えられる。

これら三つの社会変化が最も大規模に起きた時代が高度経済成長期である。高度経済成長期前後で、全就業者に占める第一次産業従事者の比率が、四一・一％（一九五五年）から一三・八％（一九七五年）にまで急減する。

高度経済成長期の団地とは、近代的な時間意識が一般化しており、第二次・第三次産業に従事する雇用労働者が多数を占め、また、新しいメディア環境に接しながら近代社会のなかで家族として暮らすような新しい生活が一般的になる先駆けとしての空間だった。団地で先取られたライフスタイルの標準化は、のちの「総中流」という感覚を生み出す母体になったといえるだろう。

しかしこのような高度経済成長期の団地での新しいライフスタイルは、はたしてどの程度、画一的なものだったのだろうか。本章ではこの問いについて、団地に居住する人々の一日のスケジュールがどのようなものだったのかという観点から考察していきたい。本章で時間に注目する理由は、一日二十四時間という有限の時間をどのように過ごすかという点で、同時代的にも時代横断的にも数値で比較できること、さらに、時間の過ごし方の背景を分析することで、その後の変容――近年ではワーク・ライフ・バランスの問題と呼ばれる時間的に余裕がある生活を実現することの困難さ――をもたらす予兆を把握できると考えるからである。

1　生活時間調査としての「団地居住者生活実態調査」

本章では、一九六五年に神奈川県の六つの団地を対象とした「団地居住者生活実態調査」のデータを使って、高度経済成長期の団地生活のあり方を生活時間という観点から包括的に分析する。

生活時間調査とは、二十四時間を十分か十五分に区切って、ある特定の日の対象者の生活行動を測定する社会調査である。日本ではＮＨＫの「ＮＨＫ国民生活時間調査」[4]（一九六〇年から）と、総務省統計局（当時は総理府）の「社会生活基本調査」（一九七六年から）があり、いずれも現在まで五年ごとに継続的に実施されている。二つの調査の開始年から見ても、「団地居住者生活実態調査」が生活時間の観点から調査をおこなったことは先駆的なものである。「団地居住者生活実態調査」では、神奈川県の六つの団地に居住する世帯の夫と妻の双方に対して、平日と休日の生活時間を自記式で調査した。「ＮＨＫ国民生活時間調査」とほぼ同時期におこなわれた調査としては、地域が限定されているが新しい生活という観点から考察するうえでは十分なデータといえる。

生活時間の測定にあたって重要なことは、その生活行動の分類である。私たちの日常は非常に複雑であり、生活は多様な行動によって構成されている。そこで、生活時間調査では限定された複数のコードを使って調査し分析する。ここで取り上げた「団地居住者生活実態調査」の復元では、社会生活基本調査が用いた二十種類の生活行動に、「テレビ」「家事と趣味の境界」「読書」の三つの行動を加えて復元した。

ただし、これらの行動は細かな分類であり、生活の全体像を見るにはやや数が多い。そこで、本章の分析では、生活行動を六つの種類に分類した。具体的には「睡眠」、食事や着衣、トイレ、入浴などの「身の回りの用事」、雇用労働や内職などの「仕事」、「家事・育児」、テレビ視聴や家族との団欒、学習などの「余暇・その他」、「通勤・移動」の六種類である。六種類に絞った理由は、一次活動（睡眠、身の回りの用事）、二次活動（仕事、家事・育児）、三次活動（余暇・その他）を測定するとともに、団地は多くが郊外の造成地に建てられ市街地でも中心部にはないだろうから通勤時間が多くかかるだろうという想定のうえ通勤・移動を加えている。この六種類の生活行動の配分状況によって、大枠としての生活パターンを明らかにできると期待される。

この六種類の生活行動を使って、世帯の夫婦それぞれについて、平日と休日の〇時から二十四時（翌日の〇時）まで十五分単位、九十六区分のデータを分析する。

2 高度経済成長期の団地生活での生活時間の実態

それでは高度経済成長期の団地生活の生活時間を、まずその全体像から分析してみたい。

全体的な結果を平均値としてまとめたものが表1である。表1からは、夫婦ごとに生活行動が大きく異なっていることがわかる。

平日を見てみると、睡眠時間は夫が七時間四十四分、妻が七時間二十二分であり、夫がやや長い。これに対して休日は夫が十時間二十二分、妻が九時間十七分と夫が妻よりも一時間以上長く睡眠をとっている。参考までに最新のデータを見ると、二〇一六年の三十代の睡眠時間は平日は男女ともに七時間十九分であり、日曜日は男性が八時間二十六分、女性は八時間十七分である。(5) 一九六五年の神奈川県の団地居住者は、平日については現在とはあまり大きく変わらない睡眠時間だが、休日は現在よりもかなり長い時間寝ていることがわかる。

表1　夫婦別、平日・休日別平均生活行動時間

	夫平日	夫休日	妻平日	妻休日
睡眠	7時間44分	10時間22分	7時間22分	9時間17分
身の回りの用事	3時間23分	3時間53分	3時間9分	3時間37分
仕事	8時間15分	48分	2時間47分	50分
家事・育児	10分	2時間20分	7時間34分	6時間29分
余暇・その他	2時間10分	6時間0分	2時間50分	3時間24分
通勤・移動	2時間17分	37分	17分	23分

（出典：「団地居住者生活実態調査」分析結果）

身の回りの用事は平日、休日とも三時間台で大きな違いはないが、仕事と家事・育児の配分は夫婦でまったく異なっている。高度経済成長期は核家族や性別役割分業などを特徴とする近代家族が形成された時期であり、団地の家族はまさにその先端に位置していた。実際、この「団地居住者生活実態調査」では、調査した世帯のうちの七七・五％が夫婦と未婚の子どもによる世帯であり、一一・九％が夫婦だけの世帯だった。そのため、世帯構成が非常に均質化していた。

平日の夫の仕事が八時間十五分、家事・育児がわずかに十分であり、妻の仕事は二時間四十七分、家事・育児が七時間三十四分と極端な配分になっていて、性別役割分業だったことがわかる。なお、妻の仕事は内職も多い。余暇は平日では妻が若干長いが、休日では夫が倍近い六時間となっていて、夫は休日にゆっくり過ごすことができるが、妻は休日も平日よりも一時間程度少ないといっても家事・育児をおこなっていて、無償労働を含めれば妻は無休で働いている様子がわかる。通勤・移動時間は外で働いている夫の平日が二時間十七分となっている。横浜市や川崎市、あるいは都内への通勤に一時間以上かかり、すでに長距離通勤が始ま

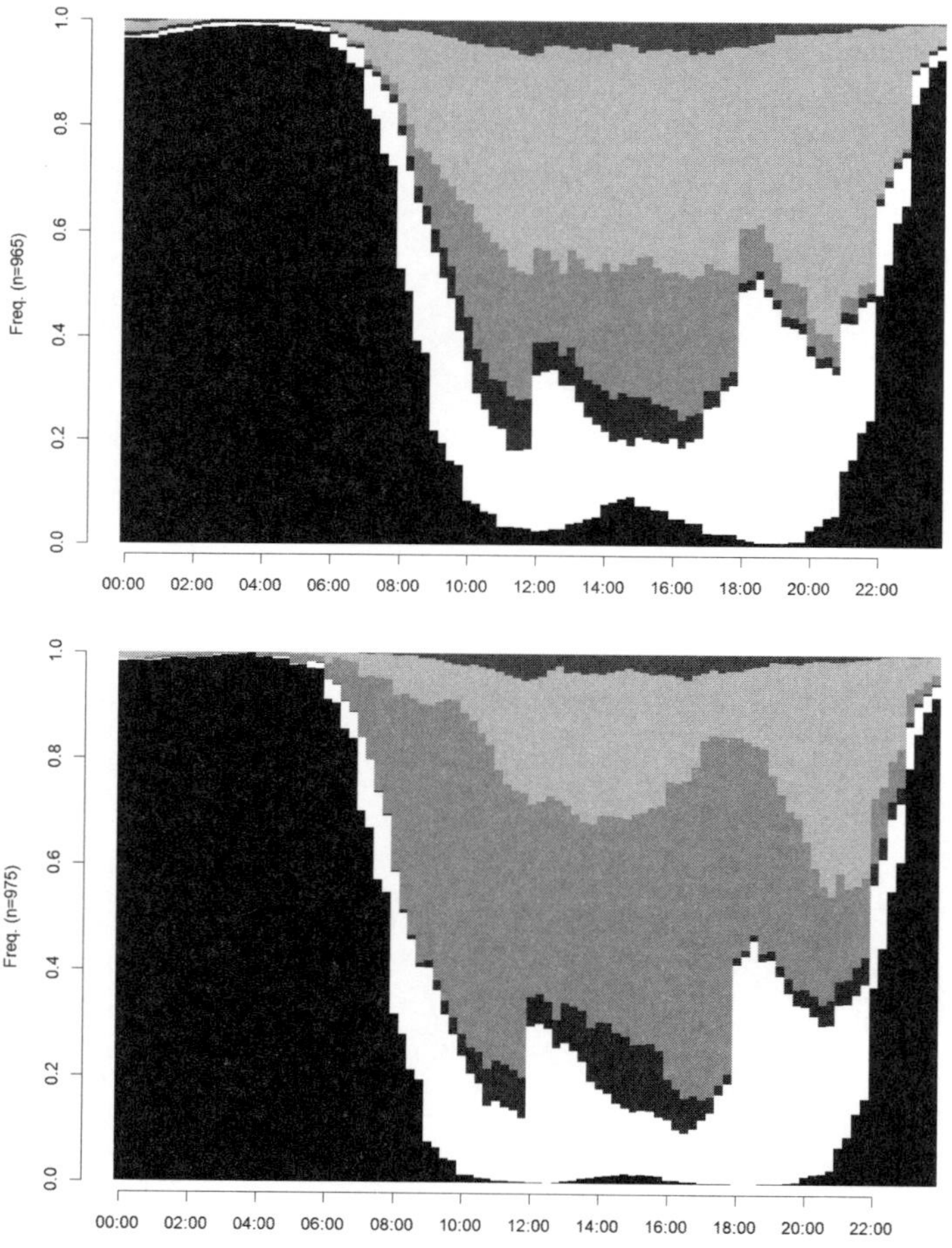

図1　生活時間の累積分析（左上：夫平日、右上：夫休日、左下：妻平日、右下：妻休日）
（出典：「団地居住者生活実態調査」分析結果）

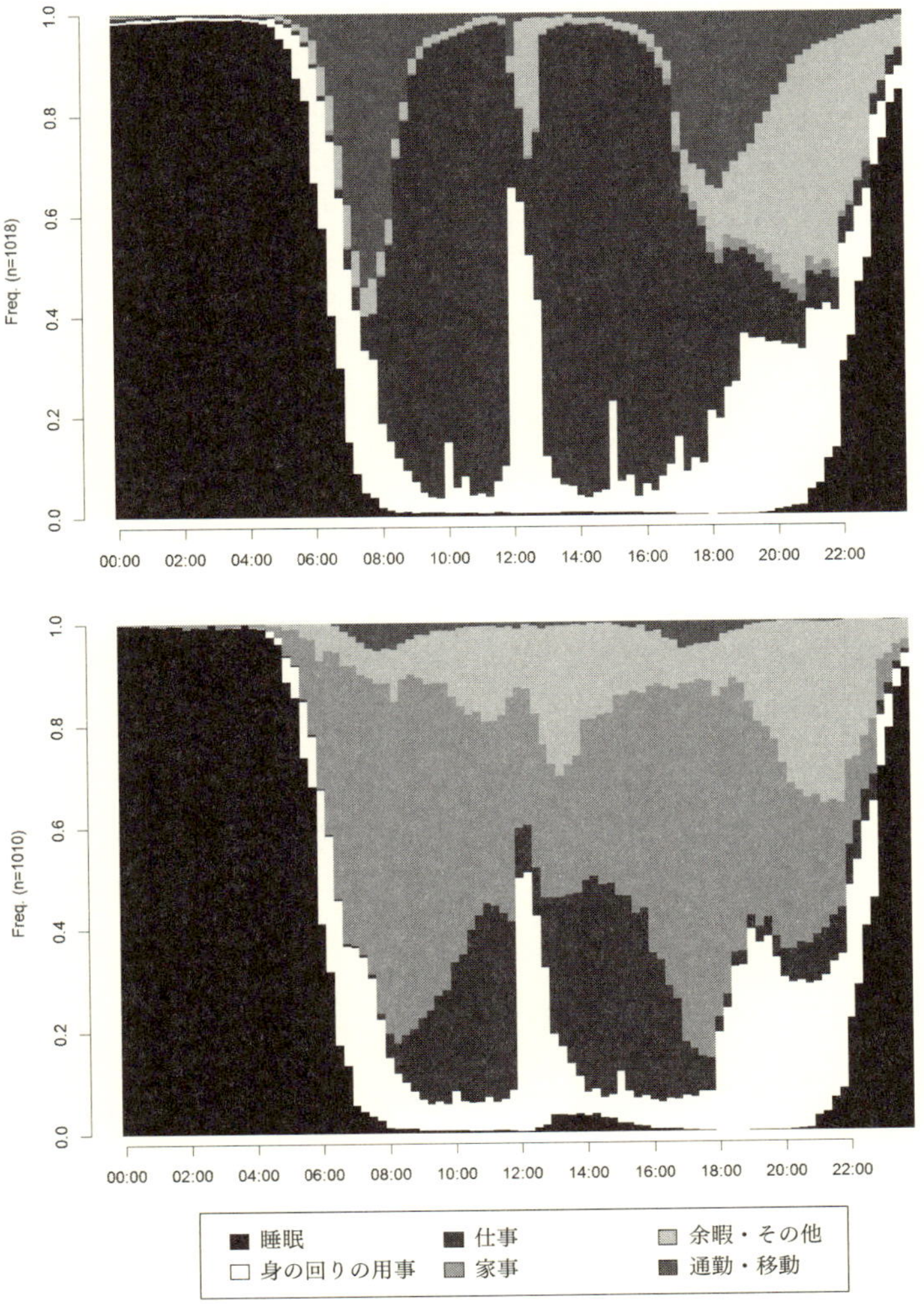
Freq. (n=1018)
0.0
0.2
0.4
0.6
0.8
1.0
00:00 02:00 04:00 06:00 08:00 10:00 12:00 14:00 16:00 18:00 20:00 22:00
Freq. (n=1010)
0.0
0.2
0.4
0.6
0.8
1.0
00:00 02:00 04:00 06:00 08:00 10:00 12:00 14:00 16:00 18:00 20:00 22:00
睡眠
仕事
余暇・その他
身の回りの用事
家事
通勤・移動

っていることがわかる。[6] この時間の多くは仕事の時間でもある。したがって、夫は平日はおよそ十時間半も仕事に関連する時間を過ごしていることがわかる。

このように、平均時間を見ていくことで、まず二十四時間単位での生活行動の配分状況を考察することができる。夫婦間で仕事と家事・育児をバーターにした分業体制が確立していた。

しかしこれだけでは、何時にどのような生活行動をとっているかがわからない。そこで、時間ごとに生活行動を示したものが図1である。図1は夫婦別平日・休日別に、横軸が〇時から二十四時までの時間を示し、縦軸は六種類の生活行動をとる人の比率を示している。なお先ほど表1で示した平均時間は、図1の各図での生活行動の面積に相当する。

図1からは、より多様な論点が読み取れる。第一に、〇時にはほとんどの人が就寝していること、多くの人が六時前後に起床しているが、休日になると起床時間が早い人と遅い人で分散が大きくなっている。つまり、休日は朝寝をするという生活パターンは、高度経済成長期から存在していた。また、二十二時前後から就寝する人が急増し、二十四時にはほとんどの人が就寝している。

とくに夫について、平日の十二時から十三時の間に「身の回りの用事」が急に多くなっているが、これは食事によるものであり、昼は多くの人が同じ時間に食事をしていることがわかる。夫が多い理由は、職場での昼休みが十二時からに設定されているところが多いからと推察できる。また、昼食の時間は、休日では男女ともに四〇％程度であることから、仕事が生活時間の共通的な過ごし方に寄与していることがわかる。なお、とくに男性について十二時三十分から短時間の「余暇」の行動率が高まっているが、調査票への記述を見ると歓談などとともに、バレーボールや卓球などのスポーツ関連が多く、昼食後の短い時間で社内部活動のようなものをおこなって余暇を過ごしていたことがわかる。

高度経済成長期は、まさに「夫は仕事、妻は家事」を中心とした生活が営まれ、この性別役割分業を前提として、夫と妻、それぞれが一日を過ごしていた。さらに、多くの人が、とくに平日で、同じ時間に起床し、食事をとり、そして就寝していた。まさに時間単位で「普通の生活」が形成されていたように見える。だが、団地居住者の生活時間には多様性は乏しく、画一的なものだといえるのだろうか。

3　団地生活での生活時間のマクロ・ミクロ分析

前節では団地居住者の夫婦の生活時間を、平均値と時間ごとの累積分析によって概観した。しかし、この分析には欠けている視点がある。それは、データを分析し平均化することは、個々人が生活行動をどのような順番やどのような長さをかけて過ごしているかが見過ごされてしまうことだ。言い換えれば、マクロな視点だけにフォーカスし、ミクロな視点で検討した場合の共通性を分析できていないことである。

そこで、マクロな時間の配分と個人の時間配分の双方を同時に分析する手法として、系列分析という手法を採用した。系列分析とは、生活時間のように順番に意味がある変数群について、その連

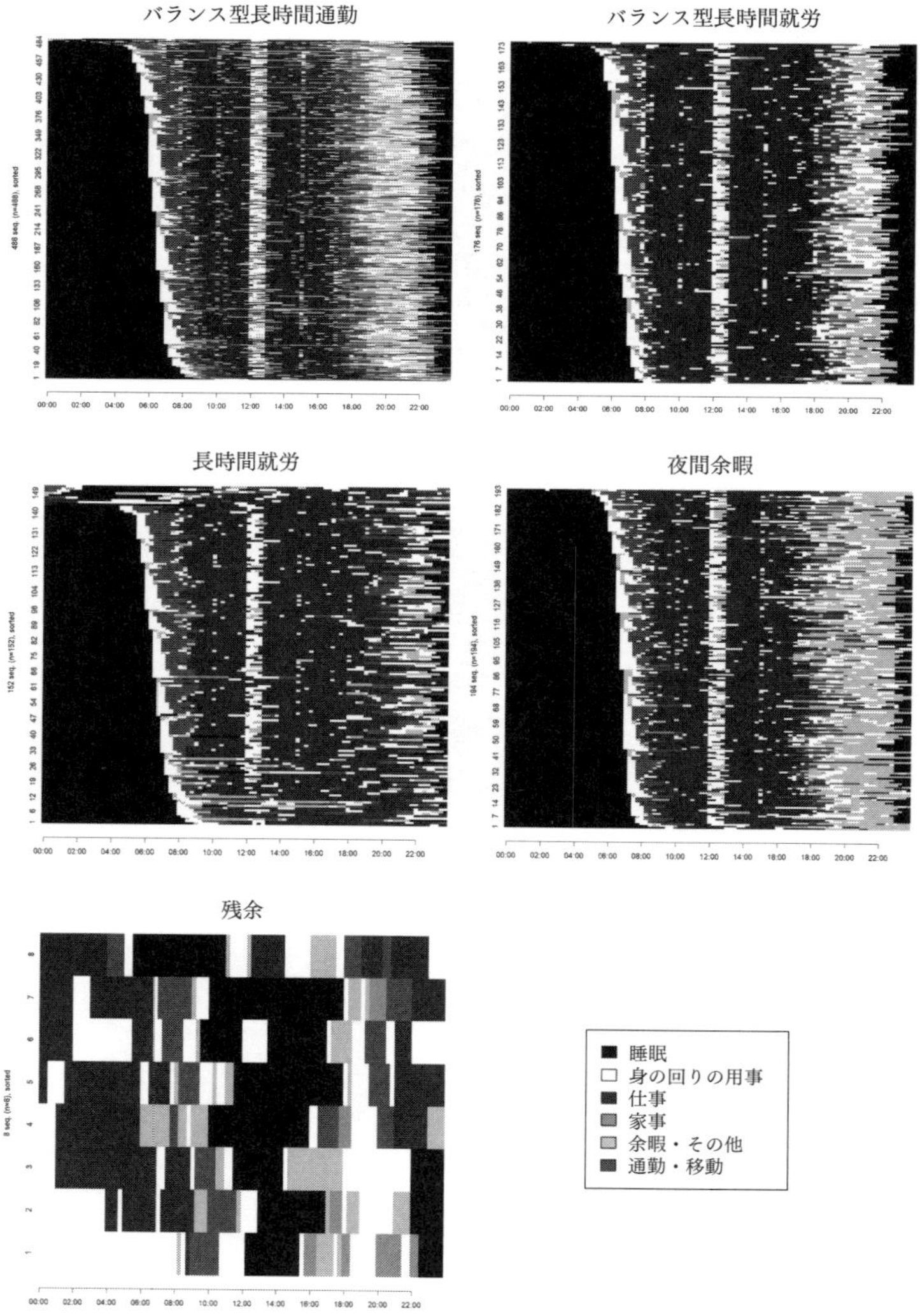

図2　夫平日の生活時間の系列分析（n=1,018）
（出典：「団地居住者生活実態調査」分析結果）

表2　夫平日のパターン別平均生活行動時間

	バランス型長時間通勤 (47.9%)	バランス型長時間就労 (17.3%)	長時間就労 (14.9%)	夜間余暇 (19.1%)	残余 (0.8%)
睡眠	7時間55分	8時間9分	7時間5分	7時間30分	5時間59分
身の回りの用事	3時間48分	3時間0分	2時間56分	2時間58分	6時間24分
仕事	7時間17分	9時間19分	10時間42分	7時間51分	6時間17分
家事・育児	13分	9分	5分	8分	44分
余暇・その他	2時間5分	1時間50分	58分	3時間35分	2時間18分
通勤・移動	2時間42分	1時間33分	2時間15分	1時間58分	2時間18分

（出典：「団地居住者生活実態調査」分析結果）

なり（系列）のパターンを抽出する統計的な手法である。[7] 手法の詳細は省くが、系列分析を使うことで、個人の時間の過ごし方の違いを、まとめあげた時間の長さという量に加えて、個々人の時間の過ごし方の順序を含めて分析し、パターン化することができる点に特徴がある。

系列分析を使って夫と妻の平日の時間の過ごし方を分析した（図2・3）。図2は夫の平日の生活時間を系列分析を使ってパターン分けし、その結果を五つのグループに分類した。図2と図3の結果を見る際の注意点は、図1では、個々人の時間の連なりを無視して全体の各時間ごとの生活行動の構成比率を計算していたが、図2と図3は横一行ごとが個人単位であり、個々人の生活行動の連なりの共通性の程度をもとにグループ化している。

まず夫の時間を見てみよう。ここでは、夫の平日の生活時間のパターンを五つのグループに分け、それぞれ「バランス型長時間通勤」「バランス型長時間就労」「長時間就労」「夜間余暇」、そしてごく少数が所属する「残余」と名付けた。バランス型の二グループは、睡眠、就労、余暇の

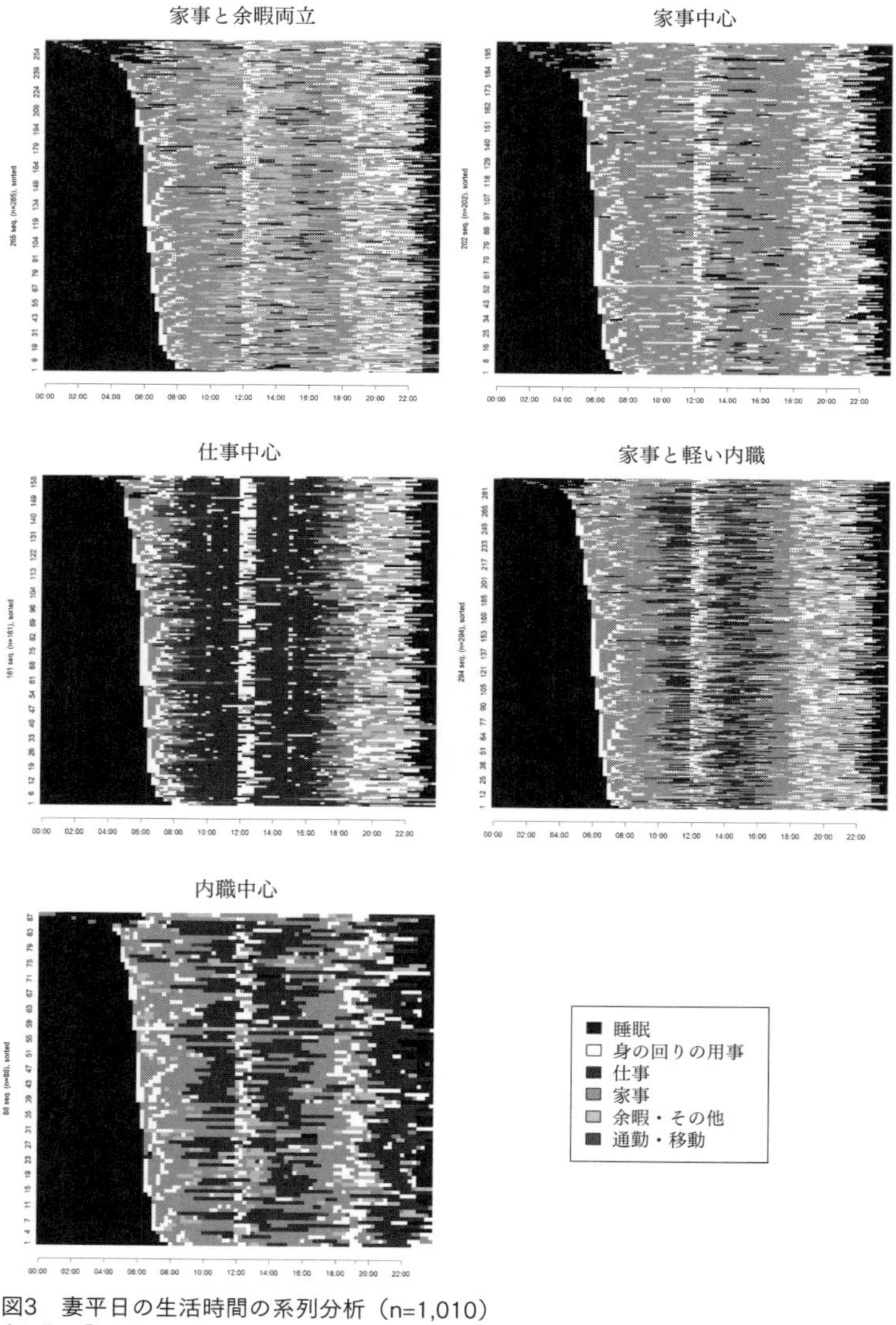

図3　妻平日の生活時間の系列分析（n=1,010）
（出典：「団地居住者生活実態調査」分析結果）

表3　妻平日のパターン別平均生活行動時間

	家事と余暇両立（26.2%）	家事中心（20.0%）	仕事中心（15.9%）	家事と軽い内職（29.1%）	内職中心（8.7%）
睡眠	7時間30分	7時間27分	7時間21分	7時間17分	7時間8分
身の回りの用事	3時間6分	3時間25分	3時間26分	3時間3分	2時間31分
仕事	28分	22分	7時間11分	3時間3分	6時間28分
家事・育児	8時間10分	10時間38分	3時間3分	7時間45分	6時間25分
余暇・その他	4時間42分	2時間4分	1時間36分	2時間47分	1時間18分
通勤・移動	4分	3分	1時間23分	5分	9分

（出典：「団地居住者生活実態調査」分析結果）

各項目間に大きな偏りがなく、各活動時間のバランスがとれているグループであり、両者の違いは通勤時間の長さによるものである。「長時間就労」は夜遅くまで働く人が多く、家に帰ると短い身の回りの用事や余暇の時間を過ごしてすぐに就寝している人々である。「夜間余暇」は、ほかのグループに比べて通勤時間も仕事の時間も長くなく、そのぶん夜間にゆっくりと余暇を過ごしている。また「夜間余暇」は睡眠時間がほかのグループに比べて少なく、仕事と余暇の充実のために睡眠時間を削っていた。

同様に図3は妻の平日の生活パターンを示している。妻も夫と同じく五つのグループに分類できた。それぞれ「家事と余暇両立」「家事中心」「仕事中心」「家事と軽い内職」「内職中心」グループである。妻は、まず仕事をしているかどうかで二つに大きく分かれた。「家事と余暇両立」と「家事中心」は余暇の量でグループを分けた。また仕事をしている者については、「仕事中心」以外に、午後を中心に内職をおこなって夜は余暇を過ごす「家事と軽い内職」と、午前・午後・夜のいずれの時間帯でも家事だけでなく細かく内職をおこなっている「内職中心」に分かれていた。内職はミシンや裁縫、編み物などが多かった。また睡眠時間についてはいずれのグループも大差はなく、就床・起床時間もほぼ類似していた。

これら生活時間のパターンはなぜ違っているのだろうか。それぞれのパターンを構成する人々がどのような社会的な属性をもっているのかについて多変量解析手法で分析した。(8)

その結果、夫の平日では、「バランス型長時間通勤」に比べて、「夜間余暇」には職業が専門・管理や事務・販売が多く、十五歳以下の子どもがいた。また、同じく「バランス型長時間通勤」に比べて、「バランス型長時間就労」には熟練工が多く、彼らは工場の近くに住むことで通勤時間が短く、そのぶん長時間働いていた。「長時間就労」については団地以外の条件は有意ではなく、団地の職場への距離が両者の生活時間の違いを規定していたことがわかる。以上からは、工場で働く熟練工は職住近接の生活を送るとともに、仕事時間は長かったが早い時間に就寝して睡眠と仕事のバランスがとれた生活を送っていたのに対して、専門・管理や事務・販売といったホワイトカラーは夜遅くまで起きている生活を送っていて、とくに通勤時間が短い人々は夜間に充実した余暇を過ごし、また、十五歳以下の子どもがいる世帯では夜間に夫と子どもが団欒していたことがわかる。これは、郊外化が進んで通勤時間がより長くなることで、余暇を過ごす時間がより一層遅くなり、深夜まで起きているライフスタイルの形成を予兆している。とくに通勤時間は重要であり、高度経済成長期後半以降には新聞でも多くの記事が書かれた。例えば、一九六一年に「朝日新聞」で「通勤地獄をどうする」(9)という座談会では、郊外の団地と都市部をつなぐ鉄道の過密化と問題解決の難しさを指摘している。通勤時間の問題は、この後の生活スタイルを規定する重要な要因になっていく。

余暇の時間帯とその活動内容にも注目したい。余暇が長かったのは、「バランス型長時間通勤」と「夜間余暇」の二グループであり、前述のとおりホワイトカラーが多いグループだった。そしてこの両グループの余暇は平日の二十時から二十三時の時間帯が多く、その多くは家でのテレビ視聴や団欒、読書などだった。すなわち、夕方から夜の時間にかけて、友人らと外で飲食をともにするようなスタイルではなく、家でゆっくり過ごすという余暇であり、他者による影響が乏しいことから、外的な変化に脆弱な内容だったといえるだろう。実際、高度経済成長期後半から一層進展していく郊外化で、居住地は都市部からさらに遠隔地に移動して通勤時間が増加し、また、ホワイトカラーの労働時間は工場労働者と比べて次第に流動化し、時間自体も増加していくことになるのである。生活時間は二十四時間と有限だから、生活時間のなかから削りやすいものといえば余暇や睡眠になりやすいのだ。このデータはその削減前の姿を描き出している。

女性の平日の過ごし方のパターンは、夫と異なり団地や夫の職業内容の影響はほとんどなく、夫婦だけの世帯か、核家族であって六歳以下の子どもがいる世帯、核家族であって十五歳以下の子どもがいる世帯という世帯構成がパターンを規定していた。具体的には「家事と余暇両立」に比べて、「家事中心」は未婚の子どもありの世帯が多く、「仕事中心」や「家事と軽い内職」は六歳以下の子どもがいる世帯はほとんどないが、逆に十五歳以下の子どもがいる世帯では多く、子どもが一定の年齢に達したあとは働くというパターンが見られた。「内職中心」と「家事と余暇両立」の違いは妻の就業の有無以外は違いが見られなかった。すなわち女性の時間の過ごし方は、社会階層や団地という地理的条件よりも世帯構造に規定される面が大きく、子どもの年齢に合わせて内職の仕方を変える傾向が見られた。[10]このことは、性別役割分業を前提としながら、子どもの状況に合わせて家計貢献をおこなっていくというM字型就労の契機が見いだせるだろう。[11]団地は専業主婦が多い空間であるとともに、内職からパートとして外に働きに出ていく女性の姿を暗示させる。一九六五年の団地ではこうした予兆を明瞭に見いだすことができる。

ただし、このような生活役割分業は、必ずしも当時から前提になっていたわけではない。教育社会学者である橋爪貞雄は、一九六二年に『変りゆく家庭と教育』[12]で団地生活について考察し、「ダンナ様のエプロン」という興味深いエピソードを紹介している。これは当時、若い夫婦の結婚の際に、友人たちがきれいに刺繡したエプロンを夫となる男性に贈る習慣があり、それは、「思いやりある夫と教養ある妻の間に男女同権――というロマンチックな近代的想念が、『ダンナ様のエプロン』にひめられているといえようか」[13]というものだったと橋爪は述べる。そのうえで、戸山アパートなどの初期の団地でおこなわれた調査データを引きながら、団地の男性サラリーマンはエプロンを実際に使う頻度はそれほど高くないものの、意識面では台所仕事を夫も手伝うべきだという意見に賛成する人がエプロンの使用頻度以上に高くなっているというデータを紹介している。[14]団地調査の世帯主は三十代がほぼ半数を占め、戦後に男女同権化を図っていくなかで青春期を過ごした人々である。そのため、実際の生活行動は伴わなくても、家事を手伝うべきという規範もあり認識もあっただろう。前述したように、それは男性の働き方、とくにホワイトカラーの働き方を考えると難しいものだったろうが、団地の台所の片隅に使われない「ダンナ様のエプロン」が置かれていたことが推察できるのである。

おわりに——「普通」の時間の過ごし方の解体へ

本章から明らかになったことは以下の点である。第一に、高度経済成長期の団地生活の時間は高度に構造化されていたということである。図1の生活時間の累積分析で明らかにしたように、とくに平日の人々の生活時間は職業と家事を中心に構造化されていた。第二に、生活時間は男女でまったく異なり、核家族化と性別役割分業という近代家族型の生活の様態が団地全体の生活の基調になっていた。まさしく落合恵美子や山田昌弘が「家族の戦後体制」「戦後家族モデル」(15)と呼び、高度経済成長期に形作られていったその最先端に団地が位置していたことを示している。

同時に、本章の結果を見て、二〇一〇年代を生きる私たちはこうも感じるのではないか。「確かに夜寝る時間は若干早いものの、私たちのいまの生活とあまり変わらないのではないか」と。こうした感想は妥当なものだろう。社会学者としていち早く生活時間調査に注目してさまざまな計量分析を試みた矢野眞和は、一九七〇年と九〇年の調査を比較して、とくに平日についての時間の配分の変わりにくさを指摘している(16)。時間という有限の資源の配分は、産業化によって大きく構造化されていて、現在に至るまでその構造そのものは乏しいからである。とはいえ、新しい形での生活時間分析の大家であるジョナサン・ガーシュニーが指摘するように、サービス産業化が進むなかで長時間労働などが増え、生活時間のパターンも変容していく。[17]「団地居住者生活実態調査」から浮かび上がる構造化された「普通」の時間の過ごし方は、高度経済成長期後半から七〇年代にかけて進む郊外化に伴う通勤時間の伸長と、労働者のホワイトカラー化で長時間労働から変容していく可能性が高いこと、とくに「家で過ごす脆弱な余暇」が長時間の通勤労働によって削られていく可能性を示唆するものだった。すなわち、「普通」の過ごし方は職住近接と適度な労働時間、性別役割分業によって維持されていただけであって、それを支えていた前提条件が変化するなかで現代的なワーク・ライフ・バランスについての問題が成立していったと考えられるだろう。本調査の分析からは、その萌芽を見ることができるといえる。

より重要な点は、団地の内部でも五つのグループに分けられたように、実際の生活で多様性が生成しはじめていたにもかかわらず、誰もが「総中流」であり「普通」の生活を過ごしていると考え、日本社会全体でもそのような意識がより高まっていったことにある。[18]とくに男性は、社交を前提としない余暇だったからいつでも削れるような脆弱なものだったのであり、女性は内職という柔軟な労働から、パートという家の外でのやや柔軟な労働へと変容していく過程を本調査から見いだすことができ、多様性を生み出すものになっていたことが理解できる。そして、一九九〇年代以降には余暇がさらに削減され、あるいは女性の労働内容がフルタイムのパートタイム労働へと変容していくなかで、「普通」の生活を送っているはずなのに余裕がなくなっていくような現在の私たちの生活への変容を予兆しているものでもあった。

私たちの生活時間の多様性は、総中流社会の形成期にすでに内包されたものだったのである。

注

(1) 真木悠介『時間の比較社会学』岩波書店、一九八一年

(2) 橋本毅彦／栗山茂久編著『遅刻の誕生——近代日本における時間意識の形成』三元社、二〇〇一年

(3) 水越伸『メディアの生成——アメリカ・ラジオの動態史』同文館出版、一九九三年。日本でのラジオの普及と社会の変容については、吉見俊哉『「声」の資本主義——電話・ラジオ・蓄音機の社会史』(〔講談社選書メチエ〕、講談社、一九九五年)が参考になる。

(4) NHKは一九四一年に日本初の大規模な生活時間調査をおこなっている。

(5) 総務省統計局「平成28年社会生活基本調査の結果」([http://www.stat.go.jp/data/shakai/2016/kekka.html]〔二〇一九年五月十四日アクセス〕)から集計。

(6) この傾向は、団地ごとに分析することで、より明らかになる。最初期にできた市営の古市場の夫の平日の通勤・移動時間が一時間二十九分であるのに対して、住宅公社が建設した厚木の団地では二時間五十二分となっていて、通勤・移動時間が二倍近くになっている。これは、このあとに鉄道沿線での郊外の宅地開発が進むことで、長い通勤時間が男性の生活にとって大きな比率を占めることを示唆している。

(7) 系列分析については、Benjamin Cornwell, *Social Sequence Analysis: Methods and Applications*, Cambridge University Press, 2015 が最新の知見を網羅的にまとめている。また、分析は統計ソフト「R」の「TraMineR」パッケージを使っておこなった。

(8) 多変量解析は、平日について、夫と妻それぞれについて抽出した各グループを従属変数とした多項ロジスティック回帰分析をおこなった。独立変数として夫の職業(四分類)、妻の職業の有無、家族

類型、五歳以下の子どもの有無、子どもの有無を、統制変数として六団地ダミーを用いている。なお、夫については「残余」グループの人数がわずか八人と少ないため除外して分析した。

(9)「朝日新聞」一九六一年一月二十五―二十七日付朝刊で三回にわたって「通勤地獄をどうする」という座談会が掲載された。首都圏の通勤事情の悪化とともに、工場の郊外移転などを論じている。高度経済成長期は都心部からの工場移転が積極的に開始され、工場で働く労働者と都心部に通うホワイトカラーの生活スタイルが変容しはじめることと、そこでの通勤の影響が先取りされて本調査の結果に反映されていたといえるだろう。

(10)ただしこの点は、女性が団地の家に閉じこもっていることを必ずしも意味しない。酒井順子は「女性公論」一九五九年十月号(女性公論社)の特集の見出しである「夫人を開放する団地『鍵』族の登場」という言葉を引き、シリンダー錠が取り付けられた団地で、女性たちが鍵をかけることで自由に家をあけて外出できるようになったエピソードを紹介している。酒井順子『百年の女――『婦人公論』が見た大正、昭和、平成』中央公論新社、二〇一八年。団地生活は、女性を団地という狭い空間に囲い込むとともに、そこには限定的であるものの、新しい自由な時間の過ごし方を作り出したといえるだろう。

(11)国勢調査を分析すると、女性の労働力率の変化がいわゆるM字型就労となる時期は一九六五年以降であり、六〇年以前は二十代後半で結婚や出産に伴って労働力率が下がったあとは再び上昇せず、緩やかに減少している。ただしこの数値は各調査年ごとの横断的な分析であることから出生コーホートごとに分析すると、三〇年代前半出生コーホートまでは年齢を経るごとに女性の労働力率は下がり続けるが、四〇年代前半出生コーホート以降は、女性の労働力率は加齢によってM字の形を描くようになる。六五年の団地居住者たちはM字型就労初期のコーホートにあたるといえる。

(12) 橋爪貞雄『変りゆく家庭と教育――団地文化が予見するもの』黎明書房、一九六二年
(13) 同書一八ページ
(14) 同書一九ページ
(15) 落合恵美子『21世紀家族へ――家族の戦後体制の見かた・超えかた 第3版』(有斐閣選書)、有斐閣、二〇〇四年、山田昌弘『迷走する家族――戦後家族モデルの形成と解体』有斐閣、二〇〇五年
(16) 矢野眞和編著『生活時間の社会学――社会の時間・個人の時間』東京大学出版会、一九九五年
(17) Jonathan Gershuny, *Changing Times: Work and Leisure in Postindustrial Society*, Oxford University Press, 2000.
(18) 数土直紀編『社会意識からみた日本――階層意識の新次元』有斐閣、二〇一五年

［謝辞］本章の執筆にあたって、二次分析研究会のメンバーだった立命館大学産業社会学部の武岡暢氏の研究報告から多大な示唆を得ている。ここに感謝を表する。

［付記］本章で用いた図1・図2・図3については、より高精細のカラー版を青弓社のウェブサイト(https://www.seikyusha.co.jp/soutyuryu_color/)、および編著者である渡邉大輔のウェブサイトにアップしている。

コラム1　団地生活と耐久消費財――新しい生活の形

渡邉大輔

一九五八年の東京下町を舞台とした映画『ALWAYS 三丁目の夕日』(監督：山崎貴、二〇〇五年)では、下町の夕日町三丁目で町工場を営む鈴木一家に白黒テレビがやってくるシーンがある。町内の多くの人が集まるなかでテレビを設置し、みんなで大騒ぎしながらプロレス番組を見るのである。高度経済成長期は生活が大きく変化していった時代であり、その生活の変化の象徴が家電製品などの耐久消費財だった。これらの家財が増えていくことが成長の証しといえたのである。

本書で分析する「団地居住者生活実態調査」の特徴の一つに、その世帯が保有している耐久消費財とその取得年を調べている点がある。耐久消費財の種類は十四であり、ルームクーラー、冷蔵庫、掃除機といった家電製品や乗用車、ピアノ、オルガン、ミシンなどが入っている。実はこのなかにテレビは入っていないのだが、テレビはほぼすべての世帯が所有していると想定して調べなかったと考えられる。

表1には、本調査の十四の耐久消費財の世帯の所有率とその平均取得年、そして全国平均と比較するために一九六五年の全国消費実態調査の全国での所有率をまとめた。ここからは、乗用車やガス湯沸かし器など都市部近郊の団地という特性から、所有率が全国平均よりも低いものも見られるが、家電製品などは全国平均に比べても非常に高いこと、そして取得年もこの数

表1　耐久消費財の所有率と平均取得年（1963年）

	所有率	平均取得年±標準偏差	全国消費実態調査
乗用車	7.8%	1963.2±2.6	9.2%
ピアノ	2.8%	1962.9±1.9	3.4%
オルガン	16.1%	1962.0±2.6	11.0%
ステレオ	21.0%	1962.2±2.4	13.5%
電話	23.4%	1964.7±1.0	—
ルームクーラー	0.5%	1963.3±1.2	2.0%
電気・ガス冷蔵庫	91.0%	1962.2±1.9	51.4%
電気掃除機	58.8%	1961.9±2.2	32.2%
電気洗濯機	91.7%	1961.0±2.6	68.5%
天火	10.0%	1962.1±2.9	—
ガス湯わかし器	14.4%	1964.1±1.4	17.5%
魚焼き器	38.0%	1962.6±1.8	—
電気・ガス釜	83.6%	1960.8±2.5	—
ミシン	90.1%	1957.9±5.3	77.4%

（出典：「団地居住者生活実態調査」分析結果と「全国消費実態調査」）

年に集中していることがわかる。また、各世帯がこれらを保有する平均数は五・五個（標準偏差は一・九個）であり、最小は〇個、最大は十一個だった。団地に移り住んでから短期間のうちに冷蔵庫や洗濯機、ミシンなどを中心に家電製品をとりそろえ、それらを使いこなしていく新しい近代的な生活が一気に花開いていったことが読み取れる。

第2章　団地での母親の子育て

石島健太郎

1　団地での母親のつながり

本章では、団地という空間に形成される世帯間のつながりを、とくに母親の育児時間という視点から考えてみよう。たしかに、育児は母親がおこなうものという前提で議論を始めるのはいささか時代錯誤の感がある。しかし、第1章「普通の時間の過ごし方の成立とその変容——高度経済成長期の団地生活での一日のあり方」（渡邉大輔）でも述べているように、本書が分析の対象にしている「団地居住者生活実態調査」が実施された一九六五年は、まさに「夫が外で働き、妻が家で家事をする」という性別役割分業が成立する時代だった。現在のように三歳児神話が公文書で疑義を呈されるにはまだ至らないこの時代、「教育ママ」という言葉が生まれ、当時の母親、とくに団地に住む母親は、世帯のなかで養育に閉塞して生活を送るようなイメージをもって語られてきた。こうした時代背景を踏まえ、本章では団地での育児を対象とするにあたり、母親をその担い手と捉えて議論をしていこう。

とはいえ、そうした母親のイメージに縛られて分析することは論点の先取りを招きかねない。たしかに、第３章「団地のなかの子どもの生活時間」（相澤真一）以降でも触れるように、団地で先駆的に実践される近代家族の生活は、公私の区分と私的空間の緊密化をその特徴の一つとしている。団地に住む人々の人間関係については、地域社会での共同性の希薄さを前提とした研究[1]があって、母親についても世帯に閉塞する様子を実証した研究がある。[2]しかし、そうした一つの視角だけから母親を見てしまうことは、当時の母親像や子ども観の史的理解を一面化してしまうことにもなる。[3]

そこで、本章では、団地という空間で形成されるコミュニティに注目していくことにしよう。世帯に閉塞する母親ではなく、世帯のつながりのなかで育児をする母親の姿を浮き彫りにするのだ。当時の都市社会学者であれば、こうした視点はもちにくかったかもしれない。なぜなら、先にもふれたように彼らは団地での人間関係の希薄さを示してきたからだ。それが事実であるなら、母親同士のつながりもまた希薄だということになるだろう。しかし、これは都市社会の生活様式を体現する空間として団地を捉えたうえで、従来的な村落社会と対比した結果得られる知見であることに注意しなければならない。

例えば、団地で共同体的価値観が劣勢であることを示した磯村英一と大塩俊介による調査[4]でも、約半数は「自分だけの生活を守るよりも、近所の人たちと仲よくつき合って生活する方が望ましい」[5]と回答している。団地の生活が個人主義的だといわれるのは、下町地域と比較した場合にである。団地でのつながりの弱さを主張する当時の研究群は、このように村落社会を基準として団地を評価するものが多い。ほかにも中部・関西地区の公営団地を対象に調査した大藪寿一は、「お宅はこの○○○住宅地内のどなたかと親しくおつきあいになっておられませんか」という質問項目について回答された世帯数が団地全体の世帯数に比べて少ないことをもって、団地内の交渉頻度の少なさを主張している[6]。磯村・大塩、大藪の議論を引き継ぐ増田光吉は、同じ団地に住む主婦をみんな知っていると答える主婦が、入居の早い層では三〇・五％しかいないことを示している[7]。

現代を生きる私たちは、こうした調査結果に対して同じ印象をもつだろうか。規模にもよるだろうが、同じ集合住宅に住んでいても全世帯と親しいわけではないのが普通だし、むしろその三〇％と顔見知りであれば、ずいぶんと人付き合いに熱心な人だという感覚をもつのではないだろうか。近所で家族ぐるみの付き合いをするのが当然という強い地縁をもつ村落社会と比較すれば、たしかに希薄な人間関係に見えるかもしれない。しかし、それは不当とは言わないが、やや要求水準が高い評価である。こうした点は、倉沢進も指摘する。彼によれば団地住民の市民意識の低さは「郷土愛的地域的連帯」だけを測定するからであって、実際には独自の市民意識が醸成されているという[8]。

本章では、こうした団地での世帯間のつながりを視野に入れて、育児時間を分析していこう。では、団地での世帯のつながりとは具体的にどういったものだろうか。すぐに思い付くのは、同じ学校に通う子ども同士のつながりだ。卑近な例になって恐縮だが、筆者は小学校のころ、集合住宅に住んでいた。いまほど越境通学の対象は広くなかったから、同じ住宅に住んでいる子どもはほとんどが徒歩十五分程度の公立小学校に通っていた。集団での登下校は義務づけられていなかったが、始業と終業の時間は同じだから当然通学路では同級生と一緒になる。放課後になれば、いったんランドセルを家に置いてからまた外で遊んだり、一緒に塾に通うこともあった。地域や時代によって差はあるにしても、近所に住む友達との交流は、多くの人に経験があるのではないだろうか。

そして、こうした子ども同士のつながりを媒介として、今度は親もつながりをもつようになる。[9]保護者会で、授業参観で、あるいは子どもを連れて近所のスーパーマーケットで出くわしたときに、親は○○くん／さんのお父さん／お母さんとして互いを認識するだろう。そして、同じ住宅に住んでいれば、そこから近所付き合いが始まり、さまざまな情報交換や互酬的な関係性が生まれる可能性がある。それは母親の育児にも影響を与えるかもしれない。例えば、働く母親の帰りを待つ間、友達の家で面倒を見てもらうといった場合、母親同士の助け合いが育児と仕事の両立を促進するだろう。あるいは、誰かの誕生日会が開かれ、そこに子どもが招かれれば、その親は一時的に育児から解放されるかもしれない。現代の言葉を借りれば、これは「ママ友」[10]同士の助け合いということになる。

とはいえ、こうしたつながりが一九六五年の団地で本当に育児時間に影響を与えていたのか、これまでの研究では確かめられてこなかった。先に見た団地での世帯間のつながりのなさが自明視されていたという研究結果の影響は定かではないが、こうした母親同士のつながりが育児に対してどのような影響をもつのかについての検討は、落合恵美子が先鞭をつける育児ネットワーク研究を待たなければならなかった。[11] 後続する研究群では、育児ネットワークが育児からの解放に寄与することや、就労状況によって母親がもつネットワークの構造が異なり、専業主婦のネットワークには兼業主婦が参加しづらいことなどが指摘されている。[12]

本章では、こうした一九八〇年代以降の視角を、六五年に実施された「団地居住者生活実態調査」のデータに適用する。こうすることで、育児に閉塞する母親像や、世帯間の人間関係が希薄な団地というイメージを相対化するとともに、育児ネットワークの出現時点をさかのぼることを試みるのだ。

以下では、まず、団地での母親が置かれていた状況について確認したうえで（第2節「団地の母親が置かれた状況」）、本節でふれた世帯間のつながりを分析する方針を提示する（第3節「団地のつながりを分析する」）。その結果を考察して、母親の育児時間が、世帯間のつながりからどのような影響を受けていたのかを明らかにし（第4節「母親にとってつながりとは何だったのか」）、その意味するものを述べて結論とする（第5節「つながりをさらに調べるために」）。

2　団地の母親が置かれた状況

前節を読んで、次のような疑問をもった人もいるかもしれない。すなわち、近所の同級生と仲良くなり、そこから母親同士がつながることは、なにも団地に限ったことではないのではないか、という疑問だ。たしかに、一戸建てが立ち並ぶ地域にあっても、子ども同士、親同士のつながりは発生するだろう。しかし、団地はとくにそうしたつながりが際立つ環境だといえる。それを確かめるために、本節では団地に住む母親による育児の社会的背景について確認しよう。

まず、団地の居住者は世帯構成が似通っているということが指摘できる。表1は、親族で構成された世帯のなかに占める核家族世帯（夫婦だけの世帯＋二世代世帯）の割合である。団地に住む人々はそのほとんどが夫婦と未婚の子という二世代世帯に属していて、夫婦だけの世帯と合わせた核家族世帯というカテゴリーにすると全体の九〇％になる。これは、同時代の全国的な統計と比べても団地の世帯構成が均質的であることを示している。

さらに、世帯主の年齢を見ると、三十代と四十代が合わせて七〇％を占めていて、団地居住者のライフサイクルが同期していることがわかる。すなわち、そうした二世代世帯の多くは子育て中の世帯だったということだ。また、世帯主の職業についても、団地居住者で第一次産業に従事する人々は極端に少なく、通勤する被雇用者が多数を占め、ライフスタイルにもある程度の均質性がある（第1章を参照）。古くからの持ち家が並ぶ地域では、必ずしもその住人の年齢や就労形態、世帯構成が一致するわけではない。

表1　親族世帯に占める核家族世帯の割合

	核家族世帯		非・核家族世帯
	夫婦のみ世帯	二世代世帯	
団地（1965年）	11.9%	79.6%	8.5%
全国（1965年）	10.7%	57.4%	31.8%

（出典：総務省統計局編『国勢調査報告』から筆者作成）

しかし、団地の場合、自身と似たような世帯の状況をもつ人々が集住している。団地とは、育児をはじめとした特定のライフステージに対応した互助が発生しやすい環境だったのだ。

しかし、こうした団地でのつながりは、裏を返せば団地の外側につながりが及びづらいことをも意味している。第一に、前述の核家族の多さは、その半面、頼れる親族にアクセスしづらいことを意味している。三世代家族などで世帯主が親と同居している場合、育児はその親（子どもから見れば祖父母）が担ってくれるかもしれない。しかし、団地居住者の多くは、そうした血縁に頼ることができない。

第二に、血縁だけではなく、地縁も団地居住者のつながりを制限する。図1は、一九五四年から六五年までの期間、一貫して転入超過だった都道府県だけについて転入超過率の推移を示したものである。図を見てのとおり、そうした都道府県はわずか五つであり、この時期は都市圏に向けての人口移動が盛んだったことがわかる。そのなかでも神奈川県は一貫して高い転入超過率を示している。この図に示した時期は「団地居住者生活実態調査」の対象者が入居した期間とおおよそ一致している[13]。高齢者や幼児が単身で移動することはまれだろうということを考えあわせると、今回の調査で分析の対象となっている団地居住者には、故郷のつながりと切り離された人々が多いことが予想できる。またこのことは、仮に団地居住者が神奈川県で生まれ育った人だったとしても、その周囲の人々の出身地が多様であり、同郷者同士の紐帯が相対的に生まれにくかったことをも示している。

第三に、専門職集団の利用可能性も低い。図2は、全国の学習塾、保育所、幼稚園、児童館の四

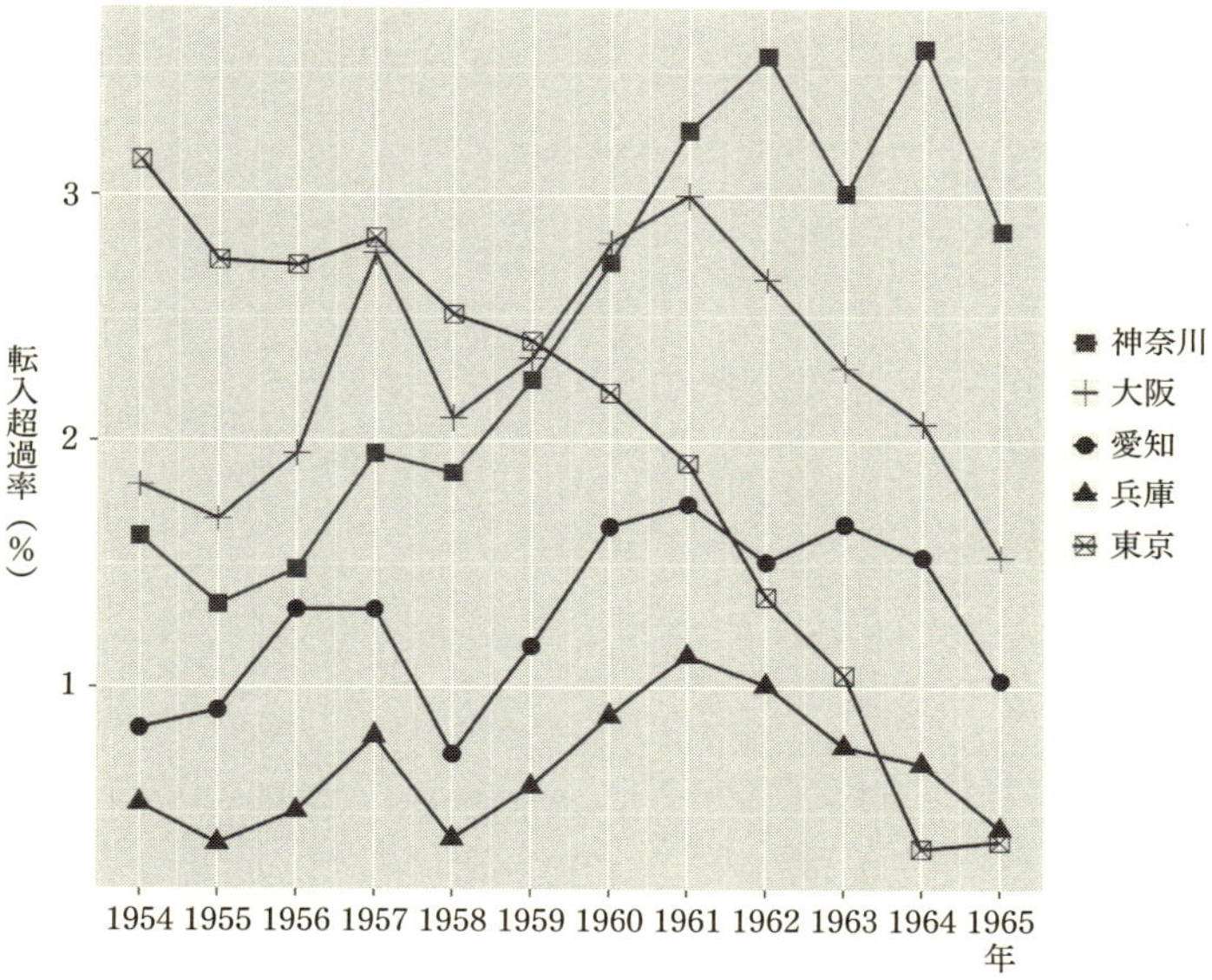

図1　都道府県別転入超過率（1954―65年）
（出典：日本統計協会編、総務省統計局監修『日本長期統計総覧 新版』第1巻〔日本統計協会、2003年〕から筆者作成）

ついて、その事業所数の推移を見たものである。これらは、どれも世帯の外部で専門職が子どもの居場所を提供するものである。「団地居住者生活実態調査」がおこなわれた一九六五年の状況を見ると、保育所と幼稚園は八〇年ごろのピークに向けた増加の途上であり、児童館はまだほとんどできていない。学習塾については統計資料が乏しく正確な数字がわからないが、八〇年代後半に急激な上昇傾向にあることを考えると、六五年当時には社会でそれほど大きな位置を占めていなかったことは想像に難くない。まとめるなら、団地の母親は、現代ほど養育を専門職にアウトソーシングできる状況になかったということになる。

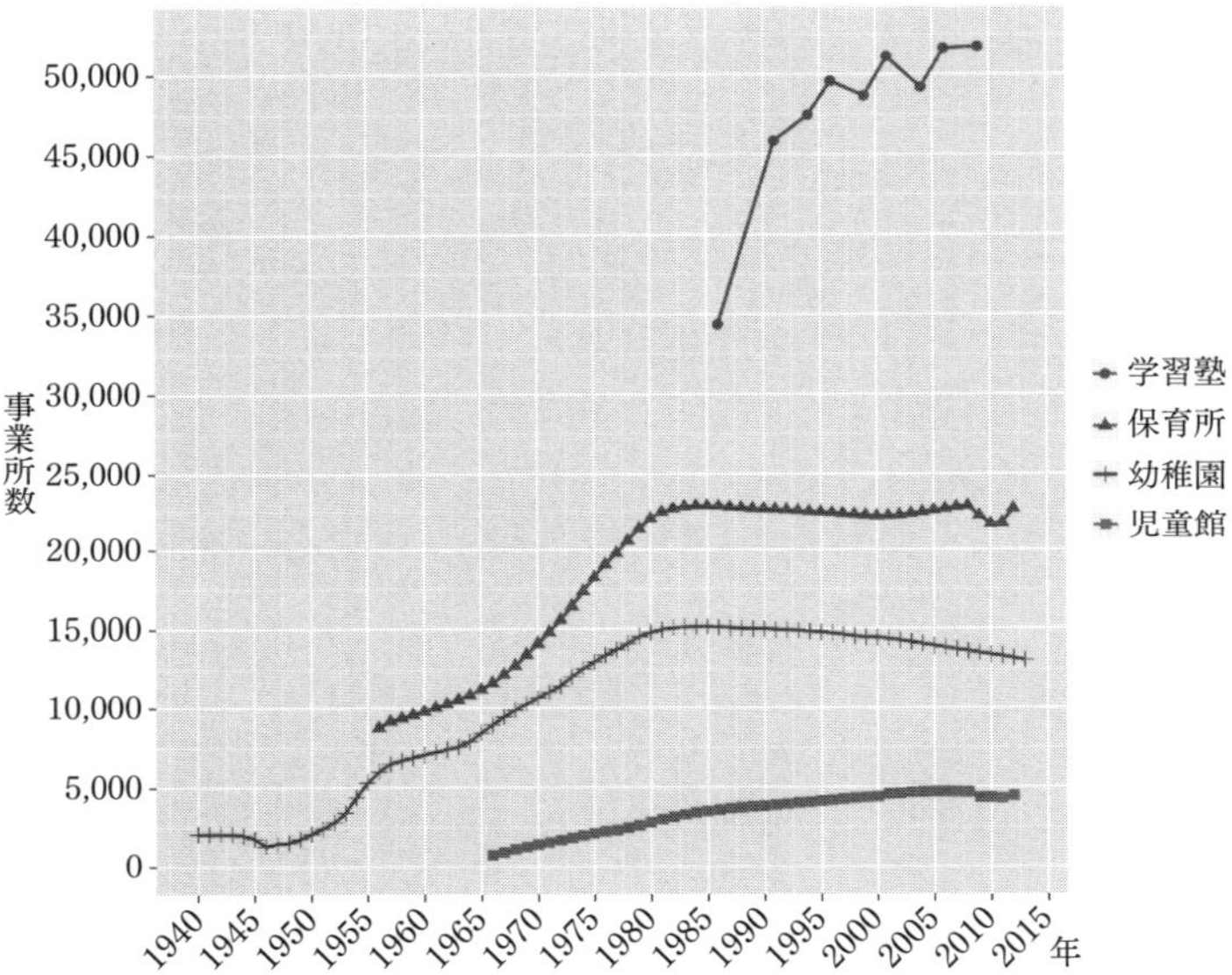

図2　「子供の居場所」の事業所数推移（全国）
（出典：総務省統計局編『日本統計年鑑』〔総務省統計局〕と『事業所統計調査報告』〔東京都総務局統計部〕から筆者作成）

以上のように、似通ったライフサイクル／ライフスタイルによって団地内部でのつながりは促進される一方、地縁・血縁から切り離され、養育を代替してくれる専門職を利用することも難しい状況が、団地外部とのつながりを制限する。この状況下で母親の手が離れるような子どもの居場所があるとしたら、それは子ども同士で外で遊ぶ、あるいは友人の家で面倒を見てもらうといったことになるだろう。団地に住む母親による育児を、団地でのつながりから考察することには、こうした背景があるのだ。

では、次節ではいよいよ、そうした団地でのつながりが育児時間に影響する様子を考察するためのモデルを提示しよう。なお、以降の分析では、「団地居住者生活実態調査」の対象世帯のなかでも、十五歳以下の世帯員がいる世帯だけに限定して集計している。

3　団地のつながりを分析する

世帯内部の育児時間

では、団地での世帯間のつながりが母親の育児時間にもたらす影響を、どのように分析すればいいだろうか。それを模式的に示したのが図3である。まず、図中右側のA家という世帯の内部に注目しよう。世帯間のつながりを主題としているのに、世帯の内部に注目するのは奇妙に思えるかもしれない。しかし、世帯内部の状況をきちんと踏まえておかなければ、そうしたつながりの影響を正しく評価することができない。そこで、まずは世帯の内部の様子を確認してみよう。

A家の母親は、子どもたちに対してある程度の時間を割いて育児をおこなっている。一週間の育児時間を平均すると、最も短い中野島団地でも六時間四十三分、最も長い厚木団地では十七時間四十四分、母親は子どもを養育している(14)。では、こうした育児時間に影響する要素にはどのようなものが考えられるだろうか。基本的な条件として、まず子どもの年齢が挙げられるだろう。幼ければ幼いほど、育児には手間がかかる。実際、母親の育児時間が長い厚木団地では、最年少の世帯員の年齢が平均すると最も低く、二・七五歳となっている。対して、母親の育児時間が短い中野島団地

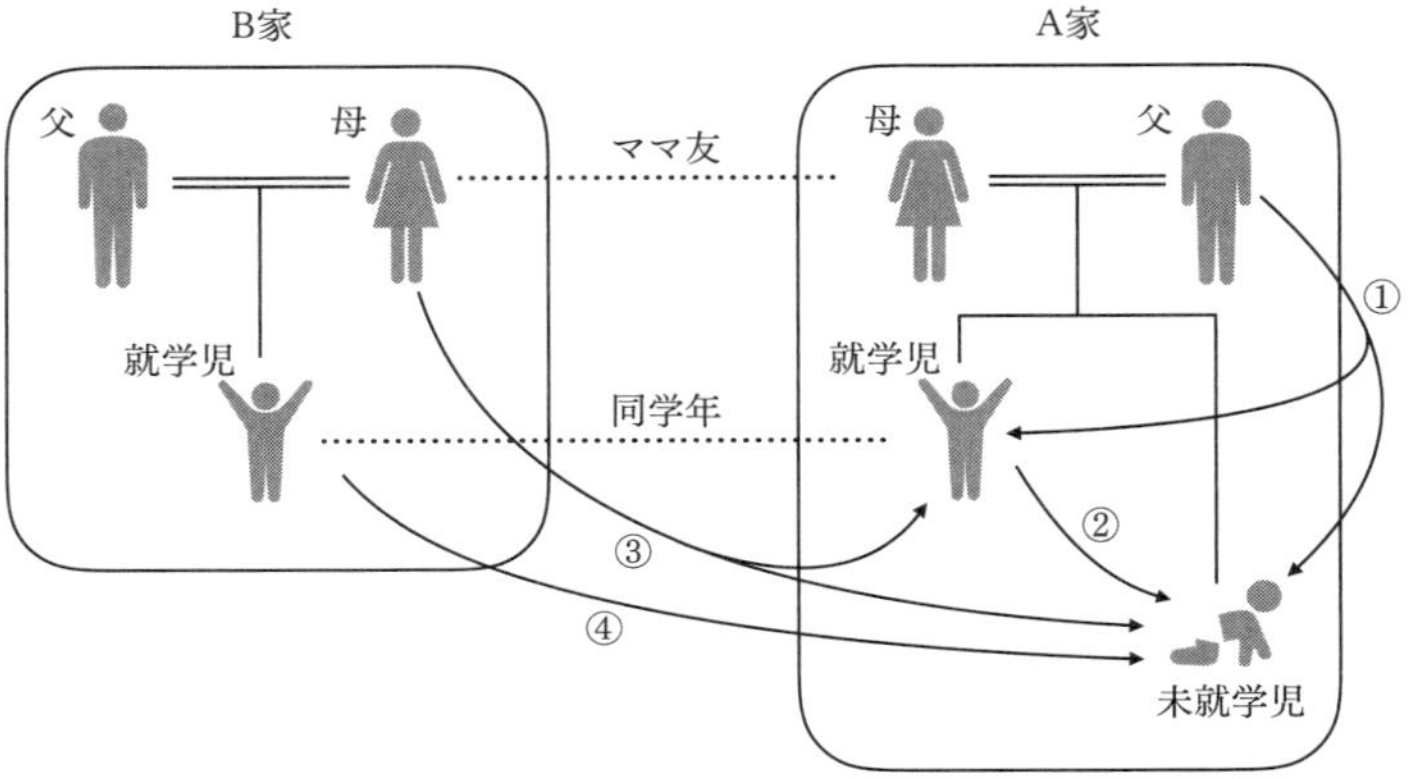

図3　母親以外による、世帯内外の育児（筆者作成）

は、最年少の世帯員の年齢は平均で七・九〇歳となっていて、これが重要な要素であることがわかる。また、子どもの人数も関係してくるだろう。年齢にもよるが、人数が増えればそのぶん育児時間が増えることが予想される。

　しかし、そうした育児は母親だけによって担われるものではない。まず、父親もまた育児を担う存在である（図3の矢印①）。父親の育児時間は、現代では労働時間や性別役割分業意識で規定されるという指摘がある。[15] すでにふれたように性別役割規範が生活スタイルに如実に現れたこの調査では、父親の育児時間は母親と比べて一層短い傾向にある（最も長い寒川団地でも一週間で二時間二十七分、中野島団地と瀬谷団地が最も短く、一週間で一時間十五分）。しかし、父親の育児参加は母親に対してさまざまな影響をもたらすことも指摘されている。例えば、夫婦関係満足度の上昇や育児負担感の減少といった心理的な側面[16]だけではなく、就業行動を促す効果も指摘されている。[17] 逆に、母親の育児・家事行動の多さが、父親の育児・家事行動を少なくすることも指摘されている。[18]これらの知見を踏まえて、また常識的に考えても、父親の育児参加が母親の養育時間減少に寄与すると考えるのはそれほど不思議な推測ではない。

次に、子ども同士の関係を考えてみよう。先ほど、年齢が低いほど育児の手間がかかると述べたが、これは裏返せば、大きくなるにつれて、とくに小学校入学後は手が離せるようになるということを意味する。[19]いわゆる「鍵っ子」は、非行の温床としてネガティブに語られることもあるが、放っておいても一人で過ごしてくれるのであれば、母親としては手がかからなくていい。さらに、この年長の子ども（ここでは就学児として、六歳以上を基準とする）が、兄や姉として弟や妹の面倒を見てくれるならば、なお母親の育児時間は減る可能性がある（図３の矢印②）。とくに、平均して一人以上の就学児が世帯にいる古市場、瀬谷、中野島の各団地では、この効果が期待できる。

世帯内のケアを子どもが担うという現象についての既存研究には、主に障害や病気をかかえた世帯員をケアする子どもを対象としたヤングケアラー研究の蓄積が豊富にあるのに比べると、[20]ごく一般的にきょうだい同士での養育を対象としたものはまれである。とはいえ、他者の世話をする養護性という能力は大人になってからではなく子どものころから育まれるものであり、年長のきょうだいにとっても弟妹の存在とその養護は社会的発達を規定する一つであることはこれまでの研究・調査でも報告されている。[21]また、新井眞人によれば、子どもによる家事の手伝いが時代が下るにつれてどのように変化したのかを分析したところ、明治・大正期から子守りは子どもの仕事の一つとして挙げられていて、その後工業化の進展のなかで減っていくものの、一九七〇年代まで一定数の子どもが弟妹の世話に従事しているというのである。[22]学術論文ではないが、「日経 kids +」の二〇〇八年十二月号は「世界の小学生」という記事を掲載していて、兄姉による世話が世界的にも見られることを示している。[23]このように、年長の子どもが手伝ってくれるのなら、母親の育児時間は減る可能性がある。

世帯間のつながり

続いて、本章の主題である世帯間のつながりを考える。とはいえ、今回分析するデータに、世帯間での交渉を直接に示すような項目はない。そこで、ママ友の人数に注目する。ママ友が多ければ、それだけママ友同士のつながりが発生する契機が多くなるはずだ。いわばママ友の濃度を、つながりの代替指標とするのである。図3の左側のB家を見てみよう。B家は、A家と同じ団地に住む一家である。B家とA家が知り合ったのも、子ども同士が同学年で友人だったことがきっかけである。[24]同じ団地に住んでいるので、その子どもは多くの場合、同じ小・中学校に通っている。そこで同学年であれば、子ども同士は少なくとも知り合いだという蓋然性は高い。そして、こうした子ども同士の交流を通じて、二人の母親はママ友の関係になったと考えよう。以降では、同じ団地のなかで、自分の子どもと同年齢の子どもをもつ母親をママ友と呼称する。

話をわかりやすくするために、ここでA家の母は兼業主婦、B家の母は専業主婦だと仮定する。さて、ここでA家の母親が、急な仕事で帰りが遅くなったとする。夫も仕事ですぐには戻れず、頼りにできない。このような場面で、もし専業主婦のママ友であるB家の母親に頼ることができたなら（図３の矢印③）、Ａ家の母親は助かることだろう。もちろん、すべての同級生の母親と仲良くなるわけではなくても、実際の団地にはＢ家以外にも多くのママ友がいたと思われる。とりわけそのなかでも頼りやすい専業主婦のママ友が多ければ、Ａ家の母親の育児時間は減りやすくなるだろう。なお、多くの団地では母親の九〇％前後が専業主婦であり、当然ママ友内での専業主婦の割合もこれに近づく。ただし、中野島団地では専業主婦は五〇％強であり、ママ友内部の専業主婦の割合も平均して五〇％程度である。

とはいえ、いつもＡ家の頼みを聞くばかりでは、Ｂ家の母親は不満に思うかもしれない。第１節でもふれたように、専業主婦と兼業主婦では形成するネットワークが異なるという指摘もある。専業主婦同士の互恵的な関係でなければ、こうした支援は得られないかもしれないのだ。そこで、ママ友に専業主婦が多いことでもたらされる恩恵は、専業主婦だから得られるものなのか、それとも兼業主婦でも得られるものなのかにも注目する必要があるだろう。

さらに、先ほど世帯内部で年長の子どもが弟や妹の面倒を見る可能性を指摘したが、同じような関係が世帯間でおこなわれる可能性がある。すなわち、Ｂ家の子どもが、同級生であるＡ家の子どもの弟や妹と遊ぶ場合である（図３の矢印④）。読者のなかにも、友達と遊ぶときに、その弟や妹とも一緒に遊んだという経験がある人もいるかもしれない。古市場、瀬谷、中野島の各団地では、団地内の子どもの七〇％以上が就学児であるため、このように世帯をまたいで子ども同士で面倒を見ることが起こりやすいだろう。対して、寒川、藤沢、厚木の各団地では、就学児は団地内の子どもの二〇％から四〇％を占めるにすぎず、こうした現象は発生しづらいかもしれない。

以上のようなモデルをもとに、多変量解析をおこなった[25]。次節ではその結果を検討しながら、団地での世帯間のつながりの効果を見ていこう。

4　母親にとってつながりとは何だったのか

本節では、分析の結果を提示し、団地での世帯のつながりが育児にもたらす影響を確認していく。表2に主要な分析結果を要約したので、これを順に説明していこう。前節と同じように、まずは世帯内部の様子を確かめる。まず、父親による育児（図3の矢印①）は、むしろ母親の育児時間を増やすという結果が得られた。父親が養育に長い時間をかけているほど、母親もまた長く養育に関わるのである。「イクメン」という言葉が定着していくなかで、父親が育児に参加すれば、そのぶん母親は育児から解放されるといったイメージをもつ人もいるだろう。しかし、少なくともこの団地のデータに関していえば、夫婦の養育時間は総和が決まった必要量を分担するものでないことがわかる。むしろ、養育にかける時間は夫婦を単位として変動していて、父親も母親も長く育児をおこなう世帯から、ともにそうでない世帯までのグラデーションがあるということだ[26]。

次に、世帯内部の子どもの影響を見てみよう。まず年齢について、小さい子ほど手がかかるという点にふれたが、統計的にもこの傾向は確かめられた。一方で、人数については、やや複雑な関係があることがわかった。すなわち、未就学児については、人数が増えれば増えるほど、母親の育児

表2　分析結果の要約（筆者作成）

	1週間あたりの母親の育児時間は平均して……
父親の育児時間が1週間に1時間増えると	23分増える
最年少の子どもの年齢が1つ増えると	1時間24分減る
世帯に未就学児が1人増えると	51分増える
世帯に就学児が1人増えると	1時間27分減る （未就学児による増加分を相殺する効果ももつ）
潜在的なママ友に占める専業主婦の割合が1％増えると	3分減る
団地の子どもに占める就学児の割合が1％増えると	（未就学児によって増えた育児時間について） 47分減る

時間が増える。これに対し、就学児になると、人数が増えれば増えるほど、むしろ母親の育児時間は減る。これは、就学以後に一層子どもへの配慮が手厚くなるとした増田光吉の知見を反証するものである。[27] さらに、未就学児がいれば育児時間が短くなるという効果は、未就学児がいる場合により強くなることも示された。それは未就学児がいることで増える育児時間を相殺して余りあるもので、就学児が未就学児のケアをしている（図3の矢印②）可能性を示唆するものである。

もちろん、ここでは人数の影響だけを見ているから、そこに就学児による未就学児の養育分担があったと解釈するのはいささか飛躍の感がある。しかし、こうした子どもの年齢や人数が養育時間にもたらす影響の差は、当時の研究者たちの疑問に答えるものである。というのも、当時の研究者たちは、未就学児が多い寒川、藤沢、厚木の三団地について、保育所などの環境が相対的に整っているのは藤沢と厚木であり、したがって藤沢や厚木で母親の育児時間は少なくなるだろうと予想していた。

にもかかわらず、実際のデータでは寒川のほうがむしろ養育時間が少なくなっていたのである。この点について、報告書では寒川の母親の就労時間の長さが養育時間を圧迫していると解釈されている。(28)もちろん、今回の分析はそうした就労状態の影響を否定するものではないが、別の角度からの説明を追加するものである。すなわち、寒川では子どもが未就学児だけの世帯が五九・四％なのに対し、藤沢と厚木ではそれぞれ七七・八％、七八・六％になっている。ここから、寒川での母親の養育時間の少なさは、年長の子どもによる養育の分担という経路の影響もあったことが当時の分析に付け加えられるのである。

ここまで、世帯の内部の分析結果を述べた。それではいよいよ、世帯間のつながりの効果について、分析の結果を見てみよう。ママ友同士での助け合い（図3の矢印③）については、ママ友に占める専業主婦の割合の効果を検討した。ここでいうママ友内専業主婦率とは、その世帯にいる子どもと同い年で、同じ団地に住んでいる子どもの人数をママ友の数としたときの、そのママ友全体に占める専業主婦の割合を示している。そのため、ここでは必ずしもママ友の多寡が分析結果に反映されるわけではない。しかし、数が増えればそのぶんだけ個々の紐帯は希薄になるとも考えられるし、ママ友の数は計算方法による必然として、世帯内の就学児と未就学児の人数と相関するため、多重共線性という分析上の問題点を発生させてしまうことになる。これらの問題を回避することを重視し、今回では割合を用いることにした。また、データハンドリングの都合で兄弟姉妹の年齢構成が一致する母親をママ友として複数回数えてしまうという問題点もあるが、そうした母親同士はそのぶん緊密なつながりをもつとも考えられる。したがって、今回はこれを厳密に排除することはしなかった。

分析の結果、ママ友のなかの専業主婦の割合が多いと、わずかながら育児時間が減ることが確かめられた。ママ友に専業主婦が多いということは、自身が忙しくて子どもの面倒を見られない場合に、子どもを預けられる頼れる相手が多いということを意味する。それでなくとも、団地に同学年の子どもが多ければ、いつの間にか子ども同士で遊ぶことも増え、その場所が相手の子どもの家＝ママ友の家だったら、その間自宅で子どもの面倒を見る必要はなくなる。このとき、たしかに受け入れる側のママ友は育児を負担することになるが、もとよりそこにはママ友にとっての自分の子どもがいるのだから、（手間が増える可能性はあるが）育児時間の総量は増えない。ママ友に専業主婦が多ければ多いほど育児時間が減るのは、このようにお互いの子どもをまとめて面倒を見るという育児がおこなわれていたことを示唆する。

ただし、この点にはいくつかの留保が必要である。まず、こうしたママ友の効果はごく小さなものである。すなわち、ママ友に占める専業主婦の割合が一％増えても一週間あたりの育児時間は平均わずか三分程度しか減らない。また、今回の分析方法では、それぞれの従属変数が育児時間を減らす確率を計算できる。そこで、ママ友に占める専業主婦率の効果が育児時間を減らす確率を計算すると八六・三％となった。つまり、計算上、ママ友に専業主婦が増えることによって育児時間は減るとある程度の確度ではいえるのだが、絶対に減るとは断言できないことに注意が必要である。

なお、念のために確認しておくと、ここでいうママ友とは、「同じ団地に住む、同じ年齢の子どもをもつ母親」のことである。就学児ならおそらくは同じ学区で同じ学年だろうが、当時の学年あたりのクラスの多さを踏まえても、あくまで「潜在的にママ友になる蓋然性の高い人々」のことなのは確認しておきたい。

次に、この効果が専業主婦かどうかで左右されるかを見てみると、その影響はほとんどなく、ママ友に専業主婦が多いことによって得られる利益は、母親の就業形態によらないことがわかった。第1節でふれたように、既存研究では育児ネットワークは専業主婦を中心に形成され、兼業主婦はこれに参入しにくいとされてきた。先ほどの分析で、ママ友の子どもを自分の子どもとまとめて世話していたという可能性があることを示したが、こうした助け合いは専業主婦のほうがおこないやすいと思われる。そのために、もし兼業主婦が自分の子どもの世話をママ友に頼るばかりだったなら、専業主婦からはフリーライダーと見なされ、こうした互恵圏に入れないのではないかという推測は合理的なものだろう。しかし、少なくとも育児時間に関するかぎり、こうした推測は支持されない。ママ友に専業主婦が多ければ育児時間が減るという傾向は、母親の就業有無にかかわらず一貫しているのである。このことは同時に、一九八〇年代以降について育児ネットワークの効果を指摘していた既存研究に対して、母親同士の育児ネットワークの萌芽は少なくとも六五年の時点までさかのぼれることをも示唆している。ただし、兼業主婦が育児ネットワークになぜ参入できたのか、今回の分析からその背景はわからない。兼業主婦がフリーライダーになることに専業主婦のママ友が寛容だったのかもしれないし、あるいは就業によって相対的に育児時間が少なくなっているとしても、そのなかでママ友の子をなるべく迎え入れ、互酬を実現していたのかもしれない。

団地ぐるみでの年長の子どもによる年少の子どもの養育（図３の矢印④）についてはどうだろうか。ここでも、ママ友に占める専業主婦の割合と同様に、団地に住む子どもに占める就学児の割合を分析に用いた。この値は世帯ごとではなく団地ごとに異なる。これが母親の育児時間のなかでも、とりわけ未就学児の人数によって増減する部分に対してどのような効果をもつのかを検討した。分析の結果、こちらでも世帯間での助け合いの様子が明らかになった。すなわち、団地全体で就学児が多ければ多いほど、未就学児がいることで母親の育児時間が増える程度が抑制されるという結果が得られたのである。このことは、団地での子ども同士の遊びが、きょうだい間に限定されたものではなかったことを意味する。団地の未就学児は、自分の兄や姉だけではなく、兄の友人や姉の友人とも遊んでいたのであり、このことが未就学児のいる母親の育児時間を減らす効果があったことが示唆されるのだ。

たしかに、世帯内の就学時の効果を論じたときと同様、ここでは子どもの人数や、そこから計算される割合の数値だけで議論をおこなっている。そのため、子ども同士での育児という実際の行動の有無については厳密に検証することができない。しかし、団地に就学児が多いと、未就学児をもつ母親の、未就学児の存在によって増えたぶんの育児時間が減るという現象に、世帯の枠を超えて一緒に遊ぶ子どもの様子を類推するのは、それほど不自然な解釈ではないだろう。

以上のように、母親の育児時間は世帯の内部だけではなく、世帯の外部に存在するママ友や年長の子どもによっても影響を受ける。このことは団地での育児が世帯に閉塞したものではなく、むしろ団地ぐるみというかたちをとっていたこと、ひいては団地には人間関係が希薄であると断言できないような独自のネットワークが存在していたことを示すものである。

5　つながりをさらに調べるために

本章は、団地という空間に発生する世帯間のつながりについて、育児という観点から検討した。具体的には、母親の育児時間に対して、世帯間のつながりがどのような影響をもつのかを見ることを通じて、団地で世帯と世帯がどのようにつながっていたのか、その一端を明らかにしようと分析してきた。たしかに、育児を実際におこなっているかどうかを調査票から明確に読み取れるのは各世帯の親だけで、ほかの世帯の母親が自分の子どもの面倒を代わりに見てくれる、団地の子どもたちが友達の弟や妹と一緒に遊んでいたという状況は（当時の風景として容易に想像できるとしても）調査票からは直接には見えてこないことである。しかし、年長の子どもの人数やママ友に含まれる専業主婦の割合、団地の子どもに占める年長の子どもの割合のように、母親が置かれた環境を状況証拠として分析に含んで検討すれば、そうした行為があったこと、それが母親の育児時間にも影響していたことが示唆されたのである。

すなわち、父親による育児参加や、年長の子どもによる年少の子どもへのケアなど、世帯内部の様子を踏まえながら、そうした世帯間のつながりを見てみると、母親同士は子どもの友人関係を経由することでママ友としてつながっていて、とくにママ友のなかに専業主婦が多い場合に、育児時間は減少していた。また、その恩恵は兼業主婦にももたらされた。さらに、そのように母親を結び付ける媒介だった子ども同士のつながり自体もまた育児に関わる世帯間のつながりだった。すなわち、団地に年長の子どもが多いと、母親の育児時間のうち、未就学児がいて増えた分が減る。本章では、この結果に対して、年長の子どもが自身の弟や妹だけではなく友人の弟や妹とも一緒に遊んでいたことがめぐりめぐって母親の育児時間を減らしていたという解釈を与えた。

これらの知見は、折にふれて指摘してきたように、個別には団地居住者のライフスタイルを分析した当時の研究、また子どもによる手伝いや育児ネットワークの効果についての既存研究への追記的な貢献、あるいは傍証／反証である。すなわち、団地に住む世帯は決して孤立していたわけではなく、世帯同士のつながりがあった。たしかに村落社会に比べれば希薄に見えるものではあったかもしれないけれども、それとは質的に異なる都市生活者・集合住宅居住者同士のつながりが存在していたのである。そして、それらは当時の母親の表象でありがちな、世帯に閉塞し育児に駆り立てられる母親像を相対化するものでもある。団地に住む人々は、世帯の内部でその生活を完結させているわけではない。子ども同士がつながり、また子どもを介して母親同士がつながる。育児が主に母親によって担われていたことは事実だとしても、そうしたつながりによって育児はいくらか分有されていた。団地とは、世帯間での互助が成立する空間だったのである。

一方で、ここでいくつか注意しておかなくてはならないこともある。まず、本章では育児で互いを助け合うという母親同士のつながりがもつ望ましい効果に注目したけれども、そこには煩わしさといった負の側面が伴っていたかもしれない。このことには、注意が必要だろう。例えば、一九五八年ごろに団地居住者の意識調査をおこなった大塩俊介は、団地の環境について「周囲の目がうるさくて住みにくい」と回答する傾向は世帯主よりも配偶者に多いことを報告している。[29] この点は、現代のママ友をめぐって母親がかかえる面倒やストレスなどに通じるものかもしれない。

さらに、いま述べたような共通性があることを踏まえながらも、ここまで使ってきた「ママ友」の語は、現代からの借用であって、当時の語ではないということも確認しておこう。主要新聞でのママ友という語の初出を見てみると、「朝日新聞」が一九九七年、次いで「読売新聞」が九九年、「毎日新聞」が二〇〇〇年だった。また、当時は「ママ友達」という表記が主流で、「ママ友」という表記が定着するにはさらに数年かかる。本章ではイメージのしやすさからこの語を使ったが、調査当時の団地の母親のつながりが、現代のママ友と完全に重なるわけではないことに注意したい。

そしてなによりも育児に関わる世帯間のつながりが、結局は「母親の」つながりであることは明記しておくべきだろう。すなわち、母親を育児から解放するために活用されるのは、別の世帯の母親なのだ。このことは、当時の、あるいはいまなお続く性別役割分業が、世帯内という私的空間で起こる問題であると同時に、団地という半公共的空間での問題でもあるということを示している。

本章は、「団地居住者生活実態調査」のデータ分析を通じて、以上のような団地での世帯間のつながりを示してきた。ただし、本章は、そうしたつながりの存在を統計的な分析を経て予測しているだけである。そうしたつながりの実態を精緻に確かめていくには、例えば回覧板など各世帯がそれぞれどの世帯とつながっていたのかを示す史・資料があるといいのではないか。あるいは、当時の路線図から通勤・通学の経路がわかれば、また当時の電話帳などから団地の近隣にあった住宅や商店、公園、保育施設などがわかれば、そうした空間的な布置を統計的な分析に生かしていくこともできるだろう。計量「歴史」社会学の試みがそうした史・資料への探求や深い分析で進展するのならば、本章はそのための一里塚である。

注

(1) 渡辺秀樹／池岡義孝監修、小山隆編『現代家族の研究――実態と調整』(「戦後家族社会学文献選集」第一期第十巻)、日本図書センター、二〇〇八年（初版：一九六〇年)、一九ページ

(2) 小谷敏「神なき国の子どもの誕生――高度経済成長期における「幼児期と社会」」、大妻女子大学人間関係学部編「人間関係学研究 大妻女子大学人間関係学部紀要」第八号、大妻女子大学人間関係学部、二〇〇六年、二二〇ページ、小針誠『教育と子どもの社会史』梓出版社、二〇〇七年、一七三ページ

(3) 小針誠「高度経済成長期における家族と家族のおこなう教育――大衆社会における家族の格差と子どもの教育の不平等」、同志社女子大学教育・研究推進センター編「同志社女子大学学術研究年報」第六十二号、同志社女子大学教育・研究推進センター、二〇一一年、七一ページ、本田由紀「「教育ママ」の存立事情」、藤崎宏子編『親と子――交錯するライフコース』(「シリーズ家族はいま…」第二巻)所収、ミネルヴァ書房、二〇〇〇年、一五九ページ

(4) 日本住宅公団建築部調査研究課『団地生活と住意識形成に関する研究――牟礼住宅を対象とした社会調査』日本住宅公団建築部調査研究課、一九五八年

(5) 同書一〇一ページ
(6) 大藪寿一「集団住宅の人間関係」、大阪市立大学大学院文学研究科編「人文研究 大阪市立大学大学院文学研究科紀要」第九巻第十号、大阪市立大学大学院文学研究科、一九五八年、一一八九ページ
(7) 増田光吉「鉄筋アパート居住家族の Neighboring」「甲南大学文学会論集」第十一号、甲南大学文学会、一九六〇年、一ページ
(8) 倉沢進『日本の都市社会』福村出版、一九六八年、二四四ページ
(9) W・H・ホワイト『組織のなかの人間――オーガニゼーション・マン』下、辻村明／佐田一彦訳(現代社会科学叢書)、東京創元社、一九五九年、二三二ページ、森岡清美／本間淳／山口田鶴子／高尾敦子「東京近郊団地家族の生活史と社会参加」、国際基督教大学社会科学研究所編「社会科学ジャーナル」第七号、国際基督教大学、一九六八年、一九九ページ
(10) ここでは母親同士のつながりをわかりやすさを重視して「ママ友」と呼んでいるが、これがあくまで現代語であることには注意したい。この点は本章の末でもふれる。なお、上野千鶴子は、類似の現象を説明する語に「女縁」という語を用いている(上野千鶴子編『「女縁」を生きた女たち』〔岩波現代文庫〕、岩波書店、二〇〇八年)。しかし、これは「ある子どもの母親」や「ある男性の妻」といった本人以外を媒介としたつながりではなく、女性が単独に形成するネットワークを指しているので、ここでは女縁の語を用いない。
(11) 落合恵美子『近代家族とフェミニズム』勁草書房、一九八九年
(12) 関井友子／斧出節子／松田智子／山根真理「働く母親の性別役割分業観と育児援助ネットワーク」、家族社会学セミナー編「家族社会学研究」第三巻第三号、家族社会学セミナー、一九九一年、七二ページ、中谷奈津子「子どもから離れる時間と母親の育児不安――専業母に〝自分の時間〟は必要ない

のか？」」、大和礼子／斧出節子／木脇奈智子編『男の育児・女の育児――家族社会学からのアプローチ』所収、昭和堂、二〇〇八年、四三ページ、松田茂樹『何が育児を支えるのか――中庸なネットワークの強さ』勁草書房、二〇〇八年、實川慎子／砂上史子「就労する母親の「ママ友」関係の形成と展開――専業主婦との比較による友人ネットワークの分析」、千葉大学教育学部編「千葉大学教育学部研究紀要」第六十巻、千葉大学教育学部、二〇一二年、一八三ページ

(13) 各団地の入居時期は、藤沢が一九六二―六四年、厚木が六二―六五年、古市場だけやや早く五一―五四年、中野島が五九―六〇年、瀬谷が五八―六二年、寒川が六〇―六五年となっている（神奈川県『団地調査生活実態調査報告書』№.64、東京大学社会科学研究所、一九六九年、三三ページ）。

(14) 一週間あたりの育児時間は、平日の育児時間を六倍し、休日の値と合計することで算出している。

(15) 松田茂樹「父親の育児参加の変容」、稲葉昭英／保田時男／田渕六郎／田中重人編『日本の家族1999-2009――全国家族調査［ＮＦＲＪ］による計量社会学』所収、東京大学出版会、二〇一六年、一四七ページ

(16) 李基平「夫の家事参加と妻の夫婦関係満足度――妻の夫への家事参加期待とその充足度に注目して」、日本家族社会学会編「家族社会学研究」第二十巻第一号、日本家族社会学会、二〇〇八年、七〇ページ、中川まり「子育て期における妻の家庭責任意識と夫の育児・家事参加」、日本家族社会学会編「家族社会学研究」第二十二巻第二号、日本家族社会学会、二〇一〇年、二〇一ページ、石井クンツ昌子『「育メン」現象の社会学――育児・子育て参加への希望を叶えるために』ミネルヴァ書房、二〇一三年、一六四ページ

(17) 中野あい「夫の家事・育児参加と妻の就業行動――同時決定バイアスを考慮した分析」、日本統計学会編「日本統計学会誌」第三十九巻第一号、日本統計学会、二〇〇九年、一二一ページ

（18）山口咲奈枝／佐藤幸子／遠藤由美子「未就学児をもつ父親の育児行動と母親の育児負担感との関連」、日本母性衛生学会編「母性衛生」第五十四巻第四号、日本母性衛生学会、二〇一四年、四九五ページ

（19）Cathleen D. Zick and W. Keith Bryant, "A New Look at Parents' Time Spent in Child Care: Primary and Secondary Time Use," *Social Science Research*, 25 Issue3, 1996, p. 260, Cynthia Silver, "Being There: the Time Dual-Earner Couples Spend with Their Children," *Canadian Social Trends*, 57, 2000, p. 26.

（20）Chris Dearden and Saul Becker, *Young Carers' Transitions into Adulthood*, Joseph Rowntree Foundation, 2000、三富紀敬『イギリスの在宅介護者』（「MINERVA 社会福祉叢書」第八巻）、ミネルヴァ書房、二〇〇〇年、Nigel Thomas, Timothy Stainton, Sonia Jackson, Wai Yee Cheung, Samantha Doubtfire and Amanda Webb, "'Your friends don't understand': Invisibility and unmet need in the lives of 'young carers'," *Chil and Family Social Work*, 8 Issue1, 2003, p. 35、柴崎智恵子「家族ケアを担う児童の生活に関する基礎的研究――イギリスの"Young carers"調査報告書を中心に」、田園調布学園大学人間福祉学部紀要編集委員会編「人間福祉研究」第八号、田園調布学園大学人間福祉学部、二〇〇五年、一二五ページ

（21）アラン・フォーゲル／ゲイル・メルソン「子どもの養護性の発達」マカルピン美鈴訳、小嶋秀夫編『乳幼児の社会的世界』（有斐閣選書）所収、有斐閣、一九八九年、一七〇ページ、市川奈緒子「家族と社会化」、井上健治／久保ゆかり編『子どもの社会的発達』所収、東京大学出版会、一九九七年、三二ページ

（22）新井眞人「子どもの手伝いの変化と教育」、日本教育社会学会編集委員会編「教育社会学研究」第

五十三号、日本教育社会学会、一九九三年、六六ページ
(23)「世界の小学生――仲良し兄弟姉妹」、日経 kids +編「日経 kids +」二〇〇八年十二月号、日経BP社、一二六ページ
(24) ここでは、同級生か否かを判断するのに、子どもの年齢を用いている。正確には、誕生日次第で同年齢でも学年がずれる可能性があることに留意したい。なお、調査票の記入日は年末の二カ月に集中していて、大雑把な計算になるが、半分以上の子どもがその年度の誕生日を迎えていると考えられる。
(25) 団地をレベル二、世帯をレベル一とするマルチレベルモデルによって、母親の育児時間を推測する。データの性質を踏まえ、推定法はベイズ推定を採用した。これらの分析については、再現用のデータとスクリプトを公開可能である。なお、今回の分析には Mplus を使用した。Mplus の操作方法については、小杉考司／清水裕士編著『M-plus と R による構造方程式モデリング入門』(北大路書房、二〇一四年) が詳しい。
(26) ただし、この分析結果は、ある世帯で父親が育児をすると母親の育児時間もまた増える、ということを意味するわけではないことに注意すべきである。「団地居住者生活実態調査」のように、一時点でおこなわれる調査によって得られたデータをクロスセクション・データと呼ぶが、こうした方法は異なる世帯を比べているだけで、一つの世帯のなかの変化を捉えるには同じ対象に対して時間をおいて調査を繰り返すことで得られるパネル・データが必要である。
ただし、パネル・データを用いた福田節也も、家事と育児の時間を合算している点で本章とは異なるものの、妻の家事・育児時間は夫の家事・育児時間の増加に伴って増加することを報告している(福田節也「ライフコースにおける家事・育児遂行時間の変化とその要因――家事・育児遂行時間の変動要因に関するパネル分析」、家計経済研究所編「家計経済研究」第七十六号、家計経済研究所、

二〇〇七年、二六ページ)。
(27)増田光吉「団地の家族――現代における適応の一姿態」、ソシオロジ編集委員会編「ソシオロジ」第十一巻第一・二号、社会学研究会、一九六四年、一一九ページ
(28)前掲『団地調査生活実態調査報告書』No.64、一〇八ページ
(29)大塩俊介「地域社会としての「団地」の性格」上、都市問題研究会編「都市問題研究」第十二巻第九号、都市問題研究会、一九六〇年、一七ページ

コラム２　耐久消費財の普及は家事時間を減らしたのか

渡邉大輔

　共働きで子育てを経験した作家の海猫沢めろんが、「子供ができたら男が絶対買うべき「三種の神器」ＳＳＤとは何か」と題した記事を二〇一七年に発表している。ここでの「三種の神器」は洗濯乾燥機、食器洗い機、電動自転車（頭文字をとってＳＳＤ）である。前二者は家事の負担を減らし、電動自転車は子どもを乗せて移動するために便利だからである。ここでは、家電などの耐久消費財は私たちの生活を楽にし、時間的・肉体的余裕を作り出す、という前提が想定されている。海猫沢はこの三つの耐久消費財が「あるとないでは家事の負担がまったくちがう」[1]と書いている。それでは、耐久消費財の普及期であり、耐久消費財をもっている世帯ともっていない世帯が存在する高度経済成長期でも、耐久消費財は家事時間を減らしたのだろうか。コラム１ではその保有状況や取得年について説明したが、ここでは耐久消費財の保有パターンによって家事や育児の時間が減っているかどうかについて考えてみたい。

　そこで、まず家事に関連する八つの耐久消費財（冷蔵庫、掃除機、洗濯機、ガス湯沸かし器、魚焼き器、電気・ガス釜、ミシン）の保有パターンを潜在クラス分析という手法を用いてパターン分けしたところ、保有の多寡によって四つに分かれた。すなわち、少数（三・〇％）、中程度（二九・六％）、多数（三九・二％）、多数だが魚焼き器だけはもたない（二八・二％）である。

　この四パターンごとの家事関連時間（家事時間と、編み物など家事と趣味の境界的な時間）と、

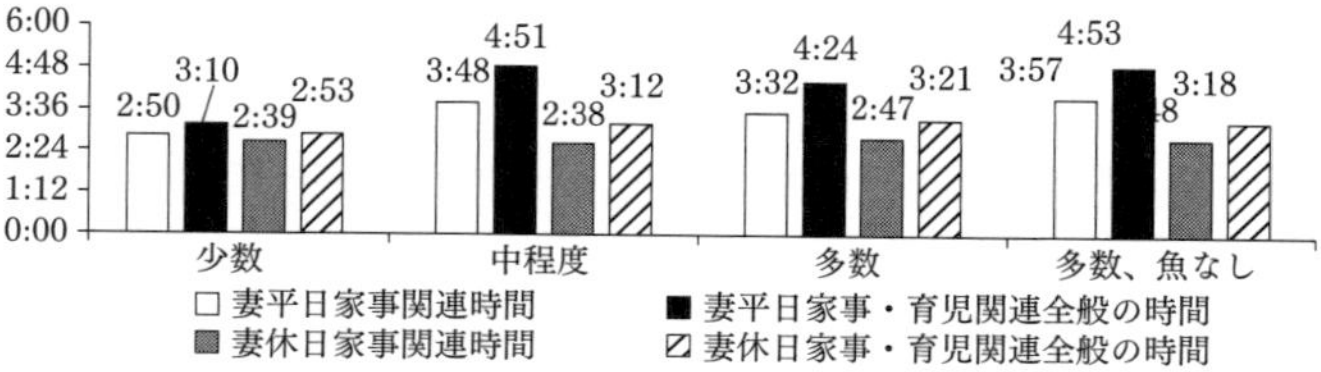

図1　耐久消費財の保有パターン別、妻平日／休日の家事や育児の平均時間
（出典：「団地居住者生活実態調査」分析結果）

そこに育児を加えた家事・育児関連全般の時間について、家事や育児の主要な担い手である妻の平日と休日の平均時間を図示したものが図1である。図1を見ると、耐久消費財をあまりもたない少数を除いて、中程度以上では家事や育児に関する時間がほとんど変わらないことがわかる。つまり、耐久消費財が普及しても家事や育児の時間は減少しなかったのである。

　なぜこのようなことが起きるのだろうか。それは、海猫沢がいう家事を手助けする耐久消費財の普及が作り出した時間を、さらに家事に投入したからである。ここからわかることは、それまでの家事よりもより高度な家事をおこなっていく様子である。高度経済成長期は、主婦によるそれまで以上に高度な家事が成立した時期だったのである。

注

（1）海猫沢めろん「子供ができたら男が絶対買うべき「三種の神器」SSDとは何か——終わりなきデスゲームを乗り切るために」二〇一七年七月二十三日付（http://gendai.ismedia.jp/articles/-/52330）［二〇一九年五月十四日アクセス］

第3章　団地のなかの子どもの生活時間

相澤真一

はじめに

みなさんは、小学校や中学校のころ、普段はどのような生活をしていただろうか。二〇〇〇年代、一〇年代に子ども時代を送った現在の大学生ならば、ＤＳ（ニンテンドーディーエス）やスマートフォンで遊びながら習い事に通ったことを覚えているだろうか。一九八〇年代半ばから九〇年代に子ども時代を送った人たちは、誰かの家にあるファミコン（ファミリーコンピュータ）やプレステ（プレイステーション）でゲームをしたことが記憶に残っているのだろうか。そうではなく、みんなで自発的に野球をしたり、野山を駆けめぐったり、あるいは、ままごとをしたりしたことばかりが印象に残っているという年配の方々も少なくないだろう。

放課後はどこにいただろうか。家や家の近くで遊んでいた人も少なくないかもしれない。それとも、すでに中高一貫校へ進学するために小学校中学年から塾に通っていた人も少なくないだろう。物心つく前から保育園に入所して、小学校からは学童保育に通っていたという人も少なくないだろう。例えば、一九九〇年代後半に、子育て世代の母親のなかで、有業者比率が専業主婦を逆転したころから、子どもは、第2章「団地での母親の子育て」（石島健太郎）でみたような母親同士が見るものではなくなり、学童保育にその中心的な居場所が変わっていった。(1)

戦後社会の「子ども像」を大雑把にまとめると、戦争直後から最初の十年ほどは貧しさが先立つ時代の子どもだった。いまとなっては十分に追跡し検証することが難しいという資料も多いが、児童労働が問題にされ、貧困世帯を対象とした調査では、学校に通わずに働いている子どものことにも赤裸々にふれていた。(2) 戦後直後に作文教育で全国に知られることになった『山びこ学校』(3) にもあるように、農業人口が半数を超えていた戦後直後、日本の子どもたちの多くは、地主／小作の経済的不平等の世界のなかに生きていた「村の子ども」だった。この「村の子ども」が「集団就職の時代」に入っていくなかで村から送り出され、それぞれの勤め先である都会で家庭を築いていく。そのため、一九四〇年代後半から五〇年代に子ども時代を送った世代は、「村の子ども」として育ち、七〇年代から八〇年代に「家の子ども」として子どもを育てていった世代である。

その中間の時代だった一九六五年は、全国調査でも、神奈川県を対象とした調査でも、まだ貧しさが残るというほどではなかったが、垣間見える時代だった。[4] 当時、都会の住居の「憧れ」の存在だった団地のなかで、子どもたちはどのような生活を送っていたのだろうか。矢野眞和らの研究[5]は、近代化による生活時間の標準化を調査研究に基づいて社会学的に明らかにした。矢野の『生活時間の社会学』の冒頭で「本書の主題は、タイム（time）ではなく、タイム・バジェット（time budget）である[6]」と述べているとおり、これらの研究では、一日二十四時間をどのように消費するのかという観点による調査研究がおこなわれている。もちろん、矢野らの研究は成人に対しておこなわれたものであり、子どもの生活に焦点を当てたものではない。むしろ、学校が時間的な感覚としては、近代の工場に通じる直線的な時間観をもった制度である一方で、子どもの生活時間が規律化され標準化されていく状況には、常にノスタルジックな批判がつきまとっている。[7]

一九六〇年代半ばころ、子どもの生活が学校的価値観の侵食とともに標準化されていく様子をデフォルメして批判的に伝えている有名な作品が発表された。毎日新聞社の村松喬が新聞での連載をもとに著した『進学のあらし[8]』である。『進学のあらし』あるいは「教育の森」シリーズの続刊は、教育がテストと進学熱に染まる様子を誇張して描き、例えば、『進学のあらし』では、横浜市の小学生の事例を最初に取り上げて、越境入学の実態を取り上げている。[9] 村松は『閉ざされる子ら』と題した第二巻で、「今日の社会と直結した学校教育の中における子供たちの姿」として「社会の学歴偏重、年功序列体制、ホワイト・カラー万能主義などからひき起こされる異常なまでの進学熱、その進学熱が起こす入試地獄、それによる受験勉強の強化、またそこに生じる差別、そしてその状況のもとに置かれる子供たちの姿」を「概括的[10]」と表現しながら示している。このような認識が浸透しその結果、六八年に小学校、六九年に中学校で、「教育の現代化」を図る学習指導要領が施行されるに至り、「落ちこぼれ」から「落ちこぼし」が問題視されるようになっていく。さらに、こうした風潮を学術的に補う言葉として、イヴァン・イリッチの『脱学校の社会』[11]やミシェル・フーコーの著作(例えば、『監獄の誕生』[12]の邦訳出版は一九七七年)が翻訳されていくなかで、「学校化」する社会や権力の網の目ともなる近代教育としての日本の学校の姿が次々と「発見」されていくことになる。

当然ながら、この認識のもとで、子どもたちの生活時間の標準化へも批判的な視点で紹介されることになる。「教育の森」の第二巻では、東京都杉並区の男女中学生の「休みにはなんにもしないで、一日ぼんやりしている。六日間、毎日勉強と宿題に追われているんだもの……」といった会話から、「中学生の話というよりは、生活に追われて疲れ切った中年のサラリーマンの会話ではないかと錯覚を起こすくらい」と示し、「受験勉強の犠牲者の、あわれな姿[13]」だと位置づけている。しかも、「彼らは口ではそういいながら、日曜日にもはげしく勉強しているのかもしれない。この会話は、敵をあざむく計略であるのかもしれない」という疑いの目を向けたうえで、エピソードの末尾には、「この会話が、真実であるにせよ、偽りであるにせよ、これらの中学生が、中学生にふさわしい生き生きとした正しい場にいないことだけは確かである[14]」と断言している。このように、断片的に示される一九六五年ごろの子どもたちの生活は、すでに受験にまみれたものであるという認識がしばしば示されてきた。

一方で、このような刺激的な言葉のなかで、当時の子どもの生活の実態が十分に把握されていたとは言い難い。村松らの「教育の森」シリーズも、詳細に読み込むと、ある個所では大学受験の話題、ある個所では中学生の話題、都市や地域も限定せず、全体が彼らの描き出したいストーリーが優先した読み物になっていて、実態を的確に捉えたものとは言い難い部分がしばしば見受けられる。[15]マスコミの限定的な取材などに基づく刺激的な言葉が飛び交うなか、実際に子どもの生活を学術的に捉えようとする営みは決して多くなかった。[16]今回、本書が対象としている「団地居住者生活実態調査」では、印象論に傾きがちだった当時の子どもの実態を計量的に捉える資料が残っている。それが、当時の調査集計でも手つかずのまま残された「子供など夫婦以外の世帯員生活時間表」である。本章では、この「子供など夫婦以外の世帯員生活時間表」の分析結果を示しながら、団地のなかの子どもの生活時間と生活の様子を浮かび上がらせていく。

1 「子供など夫婦以外の世帯員生活時間表」の集計方法

本書で用いた「団地居住者生活実態調査」の「子供など夫婦以外の世帯員生活時間表」では、写真に示すように、夫婦以外の世帯員について、平日の起床、朝食、出宅、帰宅、夕食、就床および休日の起床、朝食、昼食、夕食、就床と時間と、さらに、そこでの活動内容を記している（一五九ページの図3を参照）。

このような調査がなぜなされたのか、しかも分析はされずにいたのかは推察するしかない。おそらく、家計調査と生活時間調査が生活研究の基本として捉えられていたために、「団地の生活時間」が注目されてきた一方で[17]、夫婦の調査の補完的な位置づけとして子どもやそのほかの世帯員の生活時間の簡易な情報だけが調査されたものと考えられる。一世帯に対して、最大で五人いる「子供など夫婦以外の世帯員生活時間表」をどのようにデータセットしたかは注記したものの[18]、その結果、今回残存している千五百五十二世帯から、千五百二十ケースのデータが得られた。

この千五百二十ケースは、「子供など夫婦以外の世帯員生活時間表」と記してあるように、「子ども」だけの情報ではない。ただし、全体の八〇%が十七歳以下であり、九〇%が二十三歳以下なので、多くは、親の家から離れていないという意味では、子どものデータだといえる。分析に用いたケースでは、未就学が四百四十ケース、小・中学生が五百八十九ケース、高校生が百二十六ケースである。残念ながら、調査票の設計上、厳密に小学生と中学生を分けることができない。なお、団地によって、年齢分布は大きく異なる。「幼児が多い」「三人世帯が多い」と報告書にも記載してある公団公社の団地では、未就学児、とりわけ〇歳から四歳に子どもの年齢は集中している。一方で、市営と県営では、ともに七歳から十三歳程度の子どもがボリュームゾーンとなっている。以下では、問題設定に紹介したイリッチの『脱学校の社会』や村松の『進学のあらし』とどのように実態が結び付くかという観点から、小・中学生あるいは高校生に焦点を当てて分析する。

2　一九六五年の団地の子どもたちの生活時間の分布

当時の子どもの基本的な生活時間を確認しよう。今回の子どもの生活時間を小・中学生と高校生に分けてまとめたのが表1である。以下、この表1を参照しながら、さらに最頻値を補いながら、当時の子どもの生活を見てみよう。[19]

子どもの生活時間は、季節に影響される部分も大きい。この調査は十一月下旬という日が短い季節におこなわれたものであり、東京の日の出が六時二十分ごろ、日の入りは十六時三十分ごろだった。[20]子どもの起床時刻は、小・中学生、高校生ともに最頻値は七時起床だった。小・中学生は全体の三五％以上が最頻値の七時起床で、それ以降の子どもは三〇％以下にとどまる。七時を中心に、六時五十分から七時半に集中している。一方、高校生は、六時半までに四〇％以上の子どもが起床していた。おそらく通っていた高校の距離に応じて早く起きる子どももいたのだろう。出宅時刻を見てみると、小・中学生の最頻値は八時である。二〇％を超える子どもたちが八時に家を出ていて、出宅時刻は七時四十五分以降八時半までに集中していることが見て取れる。およその身支度の時間は一時間強と考えられるだろう。小・中学生では、八時十分、八時半という子どもも多く、四〇％以上の子どもが八時を過ぎてから家を出ていた。一方、高校に通う子どもたちは、八時を過ぎてから家を出る子どもは一五％に満たない。六時台に家を出る子どもが二〇％を占め、七時から八時の

表1　団地に居住する子どもたちの生活時間

起床時刻	小中学生（N=588）	高校生（N=126）
6時あるいはそれ以前	4.59	15.07
6時以降6時半まで	19.56	28.56
6時半以降7時まで	47.44	34.12
7時以降7時半まで	24.48	18.25
7時半以降	3.91	3.97
出宅時刻	小中学生（N=584）	高校生（N=125）
6時半あるいはそれ以前	0.0	3.2
6時半以降7時まで	0.9	17.6
7時以降7時半まで	7.5	20.8
7時半以降7時45分まで	12.3	20.0
7時45分以降8時まで	33.7	24.0
8時以降8時15分まで	22.1	9.6
8時15分以降8時半まで	21.1	4.0
8時半以降	2.4	0.8
帰宅時刻	小中学生（N=582）	高校生（N=124）
13時半まで	7.0	8.9
13時半以降14時まで	9.3	0.8
14時以降14時半まで	8.6	0.0
14時半以降15時まで	12.2	0.8
15時以降15時半まで	14.4	0.8
15時半以降16時まで	17.4	8.1
16時以降16時半まで	17.2	15.3
16時半以降17時まで	7.2	25.0
17時以降17時半まで	4.0	9.7
17時半以降18時まで	1.9	13.7
18時以降18時半まで	0.5	7.3
18時半以降	0.3	9.7
夕食開始時刻	小中学生（N=580）	高校生（N=128）
17時半あるいはそれ以前	5.2	2.3
17時半以降18時まで	20.0	18.8
18時以降18時半まで	31.9	18.8
18時半以降19時まで	29.7	32.0
19時以降19時半まで	9.8	17.2
19時半以降20時まで	2.9	3.9
20時以降	0.5	7.0
就床時刻	小中学生（N=579）	高校生（N=122）
20時あるいはそれ以前	15.4	0.8
20時以降20時半まで	13.6	0.0
20時半以降21時まで	31.1	4.1
21時以降21時半まで	15.2	5.7
21時半以降22時まで	13.3	24.6
22時以降22時半まで	4.1	8.2
22時半以降23時まで	4.0	27.1
23時以降24時まで	2.8	17.2
24時以降	0.5	12.3

（出典：「団地居住者生活実態調査」分析結果）

間に家を出る子どもが全体の半数以上を占めていた。

帰宅時刻では、小・中学生については、十三時半から十六時半までに分布している。おそらくこれは学年に依存しているものと考えられる。小学校低学年に該当する年齢の子どもたちが十三時半から十五時ごろまで、高学年に該当する子どもたちは十五時から十六時半ごろまで、中学生におそらく該当する年齢の多くの子どもたちは十六時から十七時ごろまでに帰宅していた。高校生も十八時までには八〇％以上の生徒たちが帰宅していた。[21]夕食の時間は、小・中学生は十八時半、高校生は十九時が最も多い。小・中学生は半数以上の子どもが十八時半までに夕食を取りはじめていて、高校生も六〇％以上の子どもが十九時までに夕食を取りはじめていた。十九時半を過ぎて夕食を取るのは小・中学生ではほとんどおらず、高校生でも一〇％程度だった。[22]その後、小・中学生は二十一時に寝る子どもが最も多く、三〇％ほどを占めている。二十時、二十時半、二十一時、二十一時半、二十二時の三十分ごとに、一〇％以上の子どもが就床する時間として回答があった。高校生については、二十二時あるいは二十三時という回答がそれぞれ二五％を占めている。二十四時以降もいないわけではないが、合計しても一〇％強だった。

表2　団地に居住する子どもたちの平日の睡眠時間と外出時間（単位：時間）

年齢・学年段階	睡眠時間	外出時間
7歳	10.5	6.2
8歳	10.3	6.6
9歳	10.1	6.9
10歳	9.9	7.4
11歳	9.8	7.7
12歳	9.4	8.2
13歳	8.8	8.5
14歳	8.9	8.6
15歳	8.3	9.2
16歳	7.1	8.9
17歳	7.8	9.3
18歳	7.7	8.7
小学校低学年相当	10.3	6.6
小学校高学年相当	9.7	7.8
中学生相当	8.7	9.0
高校生	7.7	9.5

注：高校生は、学歴の変数で高校生であることがわかる生徒だけを集計しているので、年齢ごとの平均値と一致しない。

　以上の生活時間のうち、起床時刻と就床時刻および出宅時間と帰宅時間の差を取り、平日の睡眠時間と外出時間をまとめたのが表2である。

　表2を見ると、子どもの年齢が高くなるにつれて睡眠時間は短くなり、外出時間が延びていることがわかる。中学生のころに、大体、外出時間が

睡眠時間よりも長くなり、高校生では、外出時間のほうが長くなる。一方で、平均値を見るかぎり、「教育の森」に刺激的に表現されるような「進学熱」「入試地獄」「受験勉強の強化」に追い込まれる子どもたちの姿を見つけることは難しい。表2にあるように、高校生でも平均睡眠時間は七時間を超えている。当時、すでに「四当五落」（睡眠時間四時間は合格、五時間は不合格）という言葉は大学受験生向けには浸透しつつあった[23]ようだが、今回の調査で睡眠時間が五時間に満たない高校生は百二十四人中わずか五人だった。中学生に該当する年齢の生徒で見た場合も、睡眠時間が最も短い生徒で五時間半であり、七時間以下の睡眠にとどまる生徒は百八十九人中わずか七人だった。このように、受験勉強に追い込まれる子どもたちの姿は、ごく一部の例外と思われる事例を除いては、見つけるのは困難だった。

3　一九六五年の団地の子どもたちの生活行動

前節で見たように、当時の団地に住む子どもたちの生活が必ずしも勉強や学校に追われているようには見えないことがうかがえる。それでは、彼らは学校に通う時間以外に、何をして生活していたのだろうか。この「子供など夫婦以外の世帯員生活時間表」では、前述の基本的な行動の生活時間だけではなく、午前、午後、夜間それぞれの活動を記入する欄がある。この行動について、夫婦の生活時間のコードに準拠しながら、三十四種類のコードに分類した[24]。

表3　団地に居住する子どもたちの平日の生活行動（該当する行動の％を表示）

	小中学生・男	小中学生・女	高校生・男	高校生・女	合計
午後、家庭学習をする	43.1	44.9	20.3	21.1	39.9
夜、家庭学習をする	51.4	56.5	81.2	80.7	58.7
午後か夜に家庭学習をする	81.9	85.7	88.4	84.2	84.3
午後、テレビを見る	6.3	8.0	13.0	5.3	7.6
夜、テレビを見る	91.7	89.0	68.1	77.2	87.1
午後か夜にテレビを見る	93.4	91.4	75.4	79.0	89.7
外で遊ぶ（外出するを含む）	26.0	18.9	2.9	1.8	18.9
家の外・中を問わず遊ぶ	53.5	39.9	5.8	3.5	39.2
お手伝いをする（買い物を含む）	6.9	14.3	4.4	17.5	10.6
習い事をする	3.8	11.0	0.0	0.0	6.2
塾に行く	13.5	11.3	1.5	1.8	10.5
N	288	301	69	57	715

（出典：「団地居住者生活実態調査」分析結果）

ここでおこなわれた主要な行動について、小・中学生と高校生をそれぞれ男女別に該当する行動の頻度をみたものが表3である。また、特徴的な行動について、年齢別に分布を比較したのが表4である。

表3から一見して明らかなように、彼らの生活の特徴を際立たせているのは家庭学習とテレビである。当時、団地に住む子どもたちの八四・三％は、平日に何らかの家庭学習をしていた一方、平日の夜に八七・一％の子どもたちがテレビを見ていた。表4から、家庭学習の行動自体は、小学校に入ったころからどの学年でも八〇％以上の家庭でおこなわれていたことがわかる一方で、低学年であれば、午後のうちに家庭学習をすませることが多かったこ

表4　団地の小中学生の年齢ごとの生活行動（各年齢ごとに％を表示）

	小中学生・男女 午後家庭学習をする	小中学生・男女 家庭学習をする	小中学生・男女 塾に行く	小中学生・女子 習い事をする	小中学生・女子 お手伝いをする
7歳	64.4	82.2	4.1	11.1	13.9
8歳	50.0	82.4	7.4	9.4	6.3
9歳	51.6	82.3	9.7	6.1	6.1
10歳	54.1	83.8	17.6	20.0	5.7
11歳	36.5	82.7	21.2	17.2	17.2
12歳	37.7	83.0	22.6	6.9	13.8
13歳	30.9	85.5	12.7	19.4	9.7
14歳	20.9	86.1	9.3	0.0	37.5
15歳	16.0	92.0	16.0	6.3	12.5

（出典：「団地居住者生活実態調査」分析結果）

とがわかる。

一方で、小・中学校に通う子どもたちで平日に買い物を含む手伝いをしていた子どもは一〇%程度であり、小・中学校に通う子どもたちで平日に習い事をしている子どもたちは一〇%に満たなかった。[25] 表3と表4を合わせて見るとわかるように、「習い事をする」のは主に小・中学生の女子であり、表4によると、小学校高学年から中学一年ごろに多いことがわかる。また、手伝いをするのも女子が多く、小・中学生の女子では一四・三%、高校生の女子では一七・五%の女子が手伝いをしていて、表4も参照すると、学年が上がるにつれて、家事の手伝いをする子どもが多く見られた。男子では、もともと該当する度数が少なかったため、女子と同様の傾向は見いだせなかった。一方、小・中学生の男子で、場所を問わずに遊ぶという回答が半数を超えている。とくに、小学生たちは、放課後、外遊びをしたり、友達と遊んだりというのが放課後の日常だった。学習塾に通っていた子どもは一〇

%程度であり、また表4を見ればわかるように、小学校高学年に集中している。二〇〇八年におこなわれた文部科学省の学校外教育についての統計調査で通塾率が高校受験が近づく中学生で際立って高くなることと比較すると、だいぶ様相は異なっている。(26)

また、表への掲載は省略したが、休日にクラブあるいは部活動にいくという回答は、小・中学校で一・八%（十人）、高校で二・六%（三人）だった。休日について同様に見てみると、休日では、九三・八%の小・中学生がテレビを見ていて、六四%の小・中学生が家庭学習をしていた。休日の昼間に外で遊んでいた小・中学生は四〇%、家のなかで遊んでいた小・中学生は九・四%だった。休日は家事の手伝いをしていた小・中学生は二五・五%であり、さらに一〇%弱の小・中学生が買い物にいっていた。(27)

以上から明らかなように、団地の子どもたちの放課後の活動は、基本的に家庭学習とテレビに集約されていた。当時の子ども向けテレビ番組と突き合わせながら、子どもの平日の生活を再現してみよう。(28)一九六五年十一月、子ども向けのテレビ番組は、十七時四十五分からの『ひょっこりひょうたん島』（NHK、一九六四―六九年）に始まり、二十時までに集中していた。当時の「神奈川新聞」によると、『鉄人28号』（フジテレビ系、一九六三―六六年）は毎週水曜十八時十五分から三十分間、『ジャングル大帝』（フジテレビ系、一九六五―六六年）は毎週水曜十九時から三十分間、『鉄腕アトム』（フジテレビ系、一九六三―六六年）は毎週土曜十九時から三十分間だった。「子供など夫婦以外の世帯員生活時間表」では、それぞれの行為の時間帯は詳細にはわからないものの、表4のように、低学年の子どもたちであれば、夕方ごろまでに多くが宿題や家庭学習をすませ、人気アニメ番組の時間帯の前後に夕食をすませたことがうかがえる。学年が進んでいくと、夕食を十八時から十九時ごろにすませ、十九時半の子ども向けのテレビ番組が終わったあとに家庭学習をおこなう子どもたちや、あるいは夕食か家庭学習のあとに、二十時からの歌番組（毎週火曜に『TBS歌謡曲ベストテン』〔TBS系、一九六五―六七年〕、毎週水曜に『ゴールデン歌まつり』〔フジテレビ系、一九六五―六六年〕）を見ていた子どもたちもいたのだろう。そして、小・中学生の多くは二十一時には就床する生活だった。ただし、このテレビの視聴時間に関する推察よりも長くテレビを見ていた可能性は十分ありうる。例えば、六四年三月におこなわれた別の調査では、小学校二年生では、男子は平日は一時間から二時間程度（週末は長くなる）、女子は曜日にあまり関係なく二時間から三時間程度、テレビを見ていたことを紹介している。[29]

家庭学習とテレビの時間の配分はおそらく個人差もあると推察されるものの、学校からの帰宅時刻と就床時刻から判別するかぎり、子どもたちは、いまよりもかなり早く帰り、習い事にはまだ通っておらず、テレビを夕食前後の限られた時間だけ見て、家庭学習をして、就床するという生活だった。さらに、ほかの時代の子どもの生活時間調査を参照すると、当時の団地の子どもたちの生活が、「総中流」の時代の始まりの時期に位置づくことも浮かび上がってくる。その象徴的な時間が「お手伝い」である。戦中期から戦後期の子どもの生活時間調査で一貫しているのは、農村の子どもよりも都市の子どものほうが手伝いはしていないことが多く、また、女子のほうが長時間あるいは高い頻度で手伝いをしていた。[30] また、農村の子どもは、起床と朝食の間に手伝いをして、下校と夕食の間にも手伝いをするのに対して、都市部の子どもたちは朝の手伝いをする子どもたちは少なく、下町の子どもは下校後遊んでいる子どもが多い一方、山の手の子ども、とくに山の手の女子は勉強するようにしつけられているという戦後の調査もある。(31) これらの大きな流れから見ても、父親は雇用労働に就き、母親は補助的な労働に就くか専業主婦であり、手伝いの必要性が少ない居住形態のなかで暮らし、勉強し、テレビを見るという都市型生活に染まっていく萌芽がこの時期の団地という人工的な居住空間のなかに見られたといえるのではないだろうか。すでに、昭和初めから戦中に国民生活が破壊される前の時点までで、都市部の子どもの間では「よく遊び、よく学ぶ子どもたち」の生活が浸透してきていた。(32) このような都市型の子どもの生活のなかに、テレビというテクノロジーが加わったのが当時の子どもの生活のリアリティーに近いのではないだろうか。一方で、「進学のあらし」が、当時の住宅環境としては最も近代的な地域の一つである団地に吹き荒れているとは必ずしも言い難い状況だった。(33)

おわりに――高度経済成長期とポスト高度経済成長期の子どもの生活を分けて考える必要性

以上、見てきたように、一九六五年当時の団地のなかの子どもたちは、そう遅くない時間に学校から帰り、友達と遊び、多くは、家で家庭学習をして、テレビを見て、寝るという生活をかなり一様に送っていた。近年おこなわれた調査(34)と比較しても、六五年当時、団地に住む子どもたちは、いまよりも、小・中学生では三十分前後、高校生では一時間以上も学校にいる時間は短かった。一方で、睡眠時間は一時間以上長かった。また、日曜日にクラブや部活動にいく子どもも少なかった。一方で、手伝いをする子どもが少ないことからもうかがえるように、戦後直後、貧困から脱出するための労働力の担い手になっていた子ども像からはすでに離れた存在になっていた。むしろ、家で勉強したり、子ども向けのテレビ番組を見たりする点で、現代社会で我々が想像するような「子ども」像に近づいている。しかしながら、まだ、受験が大衆的なものとして受容される状況にも、習い事などで高度な技能を身につけることが要求される状況にも至っていない。

本章で見てきた団地のなかの子どもたちの家庭学習とテレビ視聴の一般的浸透は、「総中流」の始まりと見ることができるのではないだろうか。一方で、同時に、「総中流」の活動として現れたのはあくまでこの二つだけであり、そのほかの塾や受験競争への参加あるいは習い事やスポーツクラブを含めた多様な文化的活動のできる子どもが「総中流」として広まったものではなかった。すなわち、のちの研究で発見されるようになった子どもの専門的教育の外部化は、このあとの時代に到来する。例えば、カワイ音楽教室は一九五六年、ヤマハ音楽教室は五九年に発足し、それぞれピアノとオルガンの月賦販売をのちに展開させていくものの、ヤマハ音楽教室の生徒数がピークになるのは八〇年代だった。(35) ピアノと並んで男女問わず人気の習い事である水泳もスイミングスクールのブームも七〇年代後半から八〇年代前半にある。(36) すなわち、学校教育の内容以外の高度な内容を「習い事」が担うようになることが大衆化するのは、第二次ベビーブーマーが学齢期に至ってからだった。

また、「進学のあらし」のあとに「教育ママ」や「乱塾時代」などの刺激的な言葉が飛び交うようになっていき、一九六〇年代を学歴主義の大衆化過程としばしば理解してきた。しかしながら、受験の大衆化は、六五年当時よりは、「教育の現代化」を重視し、中学校の数学の学習内容に集合や三角比が入るなど内容の高度化がおこなわれた六九年度告示の学習指導要領以降とみたほうがいいだろう。例えば、「教育社会学研究」で、教育ママが調査として報告[37]されたのは七〇年であり、『乱塾時代[38]』が「毎日新聞」での特集のあとで書籍化されるのは七七年である。

社会の産業化に支えられた高度経済成長によって、子どもの生活は、労働世界から子どもを切り離して学校とメディアのなかに組み込まれていった、と私たちは理解してきた。しかしながら、一九六〇年代半ばの団地のなかで見られる「総中流の始まり」の時期の子どもの生活は、いまから見れば、まだ牧歌的なものだったといえるだろう。一方で、家庭学習とテレビ視聴が、きわめて近代的な居住空間である団地のなかに一様に広がっていくように、子どもの貧困や不平等が見えづらくなる「総中流」の時代の始まりでもあった。

注

(1) この段落で述べたような子どもの生活の変化については、深谷昌志『子どもの生活史――明治から平成』(黎明書房、一九九六年)や同『昭和の子ども生活史』(黎明書房、二〇〇七年)に通時的に取り扱われているものの、決して多くの研究があるわけではない。その根本的な理由の一つは、まず、「子どもは意図的に資料を残さない」(北本正章『子ども観の社会史――近代イギリスの共同体・家族・子ども』新曜社、一九九三年、一六ページ)からである。しかしながら、近年では、ベネッセ教育総合研究所を中心にさまざまな調査がおこなわれるようになり、実証的なデータが蓄積され、東京大学のSSJデータアーカイブなどを通じて、学術目的の再分析もできるようになった。例えば、二〇〇八年と一三年におこなわれた「小学生・中学生・高校生の生活時間の実態と意識に関する調査」などを参照のこと。「第1回 放課後の生活時間調査［2008年］」（https://berd.benesse.jp/shotouchutou/research/detail1.php?id=3196）［二〇一九年五月二十日アクセス］、「第2回 放課後の生活時間調査――子どもたちの時間の使い方［意識と実態］速報版［2013］」（https://berd.benesse.jp/shotouchutou/research/detail1.php?id=4278）［二〇一九年五月二十日アクセス］

（2）例えば、相澤真一／土屋敦／小山裕／開田奈穂美／元森絵里子『子どもと貧困の戦後史』（〔青弓社ライブラリー〕、青弓社、二〇一六年）を参照。

（3）無着成恭編、箕田源二郎絵『山びこ学校――山形県山元村中学校生徒の生活記録』青銅社、一九五一年

（4）全国調査では、一九六五年のSSMデータから当時の低所得層についてふれた研究として、仁平典宏「三丁目の逆光／四丁目の夕闇――性別役割分業家族の布置と貧困層」（橋本健二編著『家族と格差の戦後史――一九六〇年代日本のリアリティ』〔青弓社ライブラリー〕所収、青弓社、二〇一〇年）を参照。また、本書の前篇ともいえる前掲『子どもと貧困の戦後史』では、六一年の神奈川県の低所得者層の調査についても扱っている。

（5）矢野眞和は、経済企画庁国民生活局国民生活調査課編『生活時間の構造分析――時間の使われ方と生活の質』（経済企画庁国民生活局国民生活調査課、一九七五年）の分析・執筆を務めたのちに、矢野眞和編著『生活時間の社会学――社会の時間・個人の時間』（東京大学出版会、一九九五年）を出版している。

（6）前掲『生活時間の社会学』一ページ
（7）学校と工場の存在を結び付けて、近代化による諸制度・諸感覚の変化と合わせた桜井哲夫『「近代」の意味――制度としての学校・工場』（〔ＮＨＫブックス〕、日本放送出版協会、一九八四年）がある。また、やや観念論的な比較社会学的研究として真木悠介『時間の比較社会学』（〔岩波現代文庫〕、岩波書店、二〇〇三年〔初版：一九八一年〕）がある。
（8）村松喬『進学のあらし』（「教育の森」第一巻）、毎日新聞社、一九六五年
（9）同書六二―六九ページ
（10）村松喬『閉ざされる子ら』（「教育の森」第二巻）、毎日新聞社、一九六五年、二〇一ページ
（11）イヴァン・イリッチ『脱学校の社会』東洋／小澤周三訳（現代社会科学叢書）、東京創元社、一九七七年
（12）ミシェル・フーコー『監獄の誕生――監視と処罰』田村俶訳、新潮社、一九七七年
（13）前掲『閉ざされる子ら』五六ページ
（14）同書五六―五八ページ
（15）例えば、当時、日本経済新聞社の教育問題担当の編集委員だった黒羽亮一は、「毎日新聞は「教育の森」という数年にわたる長期連載を始めて、攻撃を続けた」と、『ジャーナリストからみた戦後高校教育史』（〔「高校教育半世紀の検証」第三巻〕、学事出版、一九九七年）六八ページに記している。
（16）一九六〇年代全般を通じて、米ソ冷戦のイデオロギー対立を背景にして、教育学研究で実態調査が覆い隠されやすい時代だったことは否めない。このような時期の思想動向については、Ａ・Ｈ・ハルゼー『イギリス社会学の勃興と凋落――科学と文学のはざまで』（潮木守一訳、世織書房、二〇一一年）の「あとがき」で、潮木守一が教育社会学の観点から批判的に回顧している。

(17)「団地居住者生活実態調査」で生活時間の調査が重視された経緯については、二〇一五年二月二十日におこなわれた川上昌子氏のインタビューを参照している。そこでは氏原正治郎がおこなっていた当時の調査で、籠山京の生活調査の手法が参照されたのではないかという言及がある。なお、籠山の研究のほか、生活問題、労働問題研究で生活時間研究がどのように扱われてきたのかについてのレビューは、伊藤セツ／天野寛子／森ます美／大竹美登利『生活時間――男女平等の家庭生活への家政学的アプローチ』(光生館、一九八四年)の第一章に詳しく論じられていて、その後、日本では社会学的研究よりは家政学的研究で注目されてきたことがうかがえる。

(18)データの作成にあたっては、以下のような手順をとっている。

①Excel上に、子どもの属性、生活時間とフェースシートを新たに張りなおす。

②ロング形式からワイド形式に変換(STATAを使用)。

③その結果、本調査千五十二世帯から理論上は五千二百六十ケースが得られるが、そこから具体的に情報があった千五百二十ケースのほかの世帯員の生活時間について情報を得られるデータを作成。

③の手順によって、該当者が世帯構成員のうちの誰にあたるかを示す変数が非該当とコードされたものを該当ケースなしとして除外しながら分析をおこなった。なお、千五百二十ケースを得られたものの、平日の生活時間票と休日の時間票がずれなく存在するケースは千三百四十二ケースにとどまる。それ以外は、休日が抜けていて、平日の生活時間票だけ存在するケースが百三十ケース、平日が抜けていて、休日の生活時間票だけ存在するケースが二十二ケース、両者が入っているものの入力されている世帯員の入力がずれているケースが二十六ケースだった。

(19)以下の分析のうち、最頻値を提示しながら、それが当時の子ども観の変化とどのように結び付くかについては、すでに、相澤真一「復元社会調査資料からみた戦後日本社会の子ども観」(村知稔三／

佐藤哲也／鈴木明日見／伊藤敬佑編『子ども観のグローバルヒストリー』所収、原書房、二〇一八年）でおこなっているため、必要に応じて合わせて参照されたい。

（20）以上の情報については、カシオ社が提供する計算サイト（［https://keisan.casio.jp/］）の「物理公式集」→「天文」→「日の出日の入り計算」を使用して参照した。［二〇一九年五月二十日アクセス］

（21）なお、高校生で十三時半までが一〇％近くいたのは、定期試験で早く学校が終わった日をたまたま記入したものではないかと考えられる。

（22）定時制の高校生と判断できる一ケースについては、外れ値の値を示すために分析から除外している。

（23）例えば、一九六五年三月に発行された降旗義而「高校生の健康管理——進学希望の多い高校の生徒の睡眠について」（長野県短期大学編「長野県短期大学紀要」第十九巻、長野県短期大学）では、「四当五落」説を検証していて、高校生の睡眠の実態が進学校でも平均で七時間程度は寝ていたことを明らかにしている。

（24）例えば、世帯主および配偶者の生活時間コードに準拠しているため、「自宅学習」「読書・絵本」「家のなかで遊ぶ」「外で遊ぶ」などを分けている。また、「習い事」「塾」「クラブ」など現代に通じる活動については、分けて分析できるようにコードしている。なお、本コーディング作業にあたっては、松井咲紀氏（中京大学現代社会学部卒）に多大なる協力を得た。

（25）習い事の研究では、小学生では多くの習い事をしていた一方で、それが中学生になると総合塾と部活動（あるいはスポーツクラブ活動）に一元化する傾向が見られるため、小学生だけに絞った分析もおこなったものの、ごく少数である傾向は変わらなかった。

（26）文部科学省「子どもの学校外での学習活動に関する実態調査報告」二〇〇八年（［http://www.mext.go.jp/b_menu/houdou/20/08/__icsFiles/afieldfile/2009/03/23/1196664.pdf］）［二〇一九年五月二

十日アクセス〕）を参照。

(27) なお、家庭学習については平日と休日それぞれの二項ロジットモデルによるマルチレベル分析をおこない、親の学歴・職業などの効果を見たところ、有意な差は見られなかった。休日の家庭学習については、本人の年齢だけ有意な効果があった。

(28) 「神奈川新聞」一九六五年十一月分のテレビ欄を参照。なお、この資料は、石島健太郎氏が収集したものに依拠している。

(29) この数字については、子ども調査研究所編『現代子ども白書』（三一書房、一九六七年）二四ページから再引用。

(30) ここでの子どものさまざまな生活時間調査に関わる資料として、前掲『子どもの生活史』や前掲『昭和の子ども生活史』で通時的に取り扱っているほか、教育研究同志会事務局編『学童の生活調査』（教育研究同志会、一九四二年）、片岡龍一「児童の生活調査（第一報告）・東京都櫻田小学校」（阪本一郎編『児童の生活と教育』所収、牧書店、一九五〇年）などを参考にしている。

(31) 日本青少年教育研究所編、窪田暁子解説『児童生活の実態』（「日本児童問題文献選集」第十二巻）、日本図書センター、一九八三年、六五―七一ページ

(32) 前掲『子どもの生活史』一八〇―二二九ページ

(33) 本章で示す実証的な子どもたちの生活は、一九六〇年代後半に日本を覆ったとする学歴主義的価値観が、経済史研究者の野村正實が高等専門学校に在籍していた六五年時点では必ずしも日本社会の全体を覆っていなかったと主張する『学歴主義と労働社会――高度成長と自営業の衰退がもたらしたもの』（［MINERVA 人文・社会科学叢書］、ミネルヴァ書房、二〇一四年）に示唆を得ている。ただし、このような学歴主義の広まりについて日本の教育社会学でもすでに九〇年代に注意が向けられていた

ことを、森直人が法政大学大原社会問題研究所編「大原社会問題研究所雑誌」第六百九十二号（法政大学大原社会問題研究所、二〇一六年）に掲載した書評で指摘している。
(34) 本調査との比較に用いたベネッセ教育研究開発センターがおこなった調査は、「小学生・中学生・高校生の生活時間の実態と意識に関する調査」である。郵送法による自記式質問紙調査で小学五年生から高校二年生までを対象とし、合計八千十七人が回答している。二〇〇八年十一月十日から十四日に実施している点で、今回の復元データと調査月日はかなり類似している。
(35) 井上好人「幼児期からのピアノレッスンによって身体化された文化資本のゆくえ」、金沢星稜大学人間科学会編「金沢星稜大学人間科学研究」第二巻第一号、金沢星稜大学人間科学会、二〇〇八年、二ページ
(36) 武隈晃「商業スポーツクラブの系譜と課題」、鹿児島大学教育学部編「鹿児島大学教育学部研究紀要 人文・社会科学編」第四十一号、鹿児島大学教育学部、一九八九年、一三六―一三九ページ
(37) この点については、神田道子／亀田温子／浅見伸子／天野正子／西村由美子／山村直子／木村敬子／野口真代「「女性と教育」研究の動向」（日本教育社会学会編集委員会編「教育社会学研究」第四十集、日本教育社会学会、一九八五年、八七―一〇七ページ）の「教育ママ成立の実証研究に早くからとり組んだのは、二関ら大阪大学社会学研究室の調査研究である」（九八ページ）という指摘を参考にしている。
(38) 毎日新聞社社会部『乱塾時代――進学塾リポート』サイマル出版会、一九七七年

コラム3　近代日本のオルガンがある風景／「総中流」社会のピアノがある風景

相澤真一

小学校のころ、音楽の授業で使った楽器を思い出せるだろうか。身近なのはリコーダー（縦笛）やハーモニカ、鍵盤ハーモニカだろうか。また、楽器ではなく、歌のテストや合唱コンクールを思い出す方も多いかもしれない。「総中流」社会を過ぎた現代日本では、何か楽器を演奏できたり歌えたりすることは、決して珍しいことではないだろう。

戦後日本の「総中流」の時代を彩る楽器の一つがピアノだった。コラム1にも示したように、「団地居住者生活実態調査」では、耐久消費財に加えて、ピアノとオルガンの所有を調査している。本調査のデータを集計すると、当時の神奈川県の団地でのピアノの所有率はわずか二・八％。ルームクーラーの〇・五％に次ぐ低い水準だった。一方で、オルガンは一六・一％だった。ガス湯沸かし器が一四・四％にとどまっていた時代に、決して広いとはいえない団地の居住空間のなかに、二一・〇％のステレオと並んで、オルガンが数多くの家に置かれていたことは、当時の風景を察するに大変興味深い事態である。

いまや若い世代の方々だと、キーボードや電子ピアノに置き換わってしまったかもしれないが、もともと日本の音楽の授業の中心的な存在だった楽器が足踏みオルガンだった。オルガンは文明開化期に日本に入り、正確な音程を持続的に出し続けるという点で重宝されてきた。赤井励の『オルガンの文化史』は、明治元年（一八六八年）生まれの作家・内田魯庵が自分たちの世代では「君が代」さえ満足に歌えないというエピソードを紹介している。ドレミファソラシドという西洋音楽の音階を、足踏みしながら鍵盤を押せば出せるオルガンは、手軽な伴奏楽器として学校で重宝され、明治期から全国的に導入が進められてきた。赤井によれば、すでに明治期末期（一九一〇年前後）には、全国の八〇％以上の小学校にオルガンがあったという。[1]

第3章「団地のなかの子どもの生活時間」（相澤真一）で見てきたように、できて日が浅い団地という人工的で均質的な空間のなかで、習い事自体はまだ普及していたわけではない。しかし、一〇％以上の世帯にオルガンがあったことから、隣家の楽器の音が聞こえてくるような生活もありふれたことであるという社会の風潮は近づいていた。一九六五年十月二十四日付の「読売新聞」朝刊では、「団地の窓ごとに　ママもいっしょに勉強」と題する記事でピアノ熱、オルガン熱の高まりを紹介している。ここで紹介された写真には「楽器メーカーのオルガン教室は各地で盛ん。音楽人口をふやしてピアノに結び付けようというねらいだがどこでもママの方が熱心な表情[2]」という文章が添えられている。習い事としてのピアノやオルガンが成立していなくとも、母親が一緒にオルガンを覚えて、子どもに教えようとすることで、家庭のオルガンが活用されていたのだろう。また、この記事のなかでは、日本楽器（現ヤマハ）が月賦払いでピアノを買えるようにしたことを紹介し、「戦前では、上流家庭のかざりものだったピアノも、いまでは中間所得層でも買えるようになったといえよう[3]」という見解が示されている。

その後、オルガンの所有率は伸び悩んで下がっていく一方、ピアノは一九九〇年代半ばまで伸び続け、二〇%を超える世帯が所有するようになる。しかし、団地のような集合住宅は、ピアノを所有することの難しさを露呈する場にもなった。七四年に起きた「ピアノ騒音殺人事件」は、本書と同じ神奈川県の、調査対象とは異なる県営住宅で起きている。また、これに対して、平塚市歌も作曲した作曲家の團伊玖磨は、「防音が完全であったとしたら」、あるいは「ピアノの音が、普通のピアノの音の三分の一、若しくは四分の一の大きさだったとしたら」、この事件は起こらなかったのではないかと推察し、「その楽器を、その儘日本の住宅、わけても団地のように隣室や階上や階下に別の家族が住んでいるような小部屋に持ち込んで弾くという事は、根本的に誤り」(4)と論じた。そして、「日本の小さな部屋でピアノを弾いている情景は、正直判り易く言えば、バスの中で大相撲を、銭湯の浴場でプロ野球を興行しようとする程の無茶で無理な事なのである」(5)と結論づけた。日本の「総中流」社会を彩る楽器だったピアノは、日本社会に「総中流」を構成させているなかでの「無茶」や「無理」を示した楽器だったといえるかもしれない。

注

(1) 赤井励『オルガンの文化史』(「復刊選書」第一巻)、青弓社、二〇〇六年、一六―五二ページ

(2) 「団地の窓ごとに ママもいっしょに勉強」「読売新聞」一九六五年十月二十四日付

(3) 同記事

（4）朝日新聞社編「アサヒグラフ」一九七四年十月二十五日号、朝日新聞社、一〇九ページ
（5）同誌一〇九ページ

第4章　団地のなかのテレビと「家族談笑」

森　直人／渡邉大輔／相澤真一

はじめに

第3章「団地のなかの子どもの生活時間」（相澤真一）では、子どもの生活時間票をもとにして、子どもたちが夕食の前後にテレビを見る生活を明らかにした。とはいえ、当時の団地の間取りから察するに、テレビがついていれば、おそらくみんなにテレビの映像が見えたり、少なくとも音が聞こえていたりしていたことは容易に推察できる。当時の団地の間取りとして考案されたのが2ＤＫであり、これが団地の標準的な間取りになった。[1]ダイニングキッチンという和製英語によるＤＫによって、食べるところと寝るところの「食寝分離」が可能になり、DK以外のスペースは、六畳と四畳半の二部屋によって構成され、多くの場合、六畳はテレビが置かれた家族談笑の部屋となり、四畳半は家族で寝る部屋になった。一九五五年頃に、力道山のプロレス中継を街頭テレビで見ていた人々は、五八年から五九年の明仁皇太子・美智子氏の成婚や六四年の東京オリンピックなどを機に、急速に家庭のなかにテレビを置くようになった。なお、忘れてはならないことを一つ挙げるならば、高度経済成長期の「三種の神器」の一つだった当時のテレビは白黒だった。「全国消費実態調査」（総務省）によると、本調査に最も近い六六年二月の時点で、全国でのカラーテレビの所有率は〇・三％だった。

多くの2DKの家庭で六畳間の中心にあったテレビは、「お茶の間の談笑」と不即不離になっていった。NHKがおこなった「国民生活時間調査」の分析によると、一九六〇年には食後にテレビを見る人たちの時間のピークができていたのに対して、六五年の調査の度数分布では、テレビ視聴の山が食事を飲み込むような形で山を作り（すなわち、テレビを見ながら食事をする人が増えたことを含意する）、さらに十八時台の食事のピークのあと、二十時前後にテレビを見る人たちのピークができあがっていた。[2] 実際、今回の再集計にあたり、世帯主や配偶者の生活時間票では、「家族談笑」と「テレビ」が重複記載されていることが数多く見られ、これによって再集計コードでしばしば頭を悩ませることになった。[3] 例えば、「テレビを見る／観る」と書いてあれば、「テレビ視聴」とコードすることができるものの、「テレビの電源がついている」「テレビの画面が視野に入っている」「テレビの画面に注意を払っている」などのように、テレビの音が聞こえている／聞いている

／聴いているといった行動を伴いながら、別の家事をしたり別のことをしていたりしていたという記述は少なくない。すなわち、テレビが日常生活のなかに完全に入り込み、テレビがついていることが日常化してきたことが推察される。先述の街頭テレビが目的をもってテレビを見にいく行動だったことと比較すれば、日常生活の一部にテレビが入り込んだ十年あまりの生活の変化は、大変大きなものだといえるだろう。そして、この「お茶の間のテレビ」は、総中流の家族生活の不可欠な構成要素になっていく。

では、テレビは一様に「総中流」の家族生活のなかに入っていったのだろうか。すでに第3章で見たように、当時の団地のほとんどの子どもたちは、テレビと自習を自宅でおこなう生活になっていった。一方で、「団地居住者生活実態調査」（神奈川県、一九六六年）が調査対象とした六つの団地は、公団住宅もあれば、市営住宅や県営住宅もあり、それぞれの団地の内外を見た場合、出自でさまざまな階層的差異が見られる。決して広くない集合住宅の居住空間を、すべての出身階層の人々に平等に分配している状態が団地の居住形態である。ひとたび電源を入れれば居住空間に音が聞こえるテレビは、ここでは強力な大衆文化の伝播装置であり、人々から階層を見えなくさせ、「総中流」を強調づける構成要素でもあった。テレビは、団地に入ることで見えにくくなる社会階層をさらに見えづらくさせてきた可能性がある。一方で、すでにジャーナリストの大宅壮一が一九五七年に週刊誌上に「白痴化」という表現をテレビに対して用い、また「一億白痴化」「国民白痴化運動」などとも表現した。さらに「総中流」と同様に、作家の松本清張が「総」の字を入れて「一億総白痴」と名づけたといわれている。(4) このように、テレビを見ると頭が悪くなるという主張を、受け入れていた人々とそうでない人々との間でテレビの受容に違いがあり、これに本人学歴などによる違いが見られれば、「総中流」の生活空間のなかに見える重要な生活文化の多様性が存在した証拠にもなる。(5)

本章では、このような観点からテレビと家族談笑に注目して、団地の生活文化に焦点を当てる。どのような家族が、どのようにして家族で談笑をおこない、そこにどのようにテレビが機能していたか――ここから「総中流」の始まりの時代の生活に迫り、生活文化の同質性と多様性を解明する。

1　データの集計方法と基本統計量

テレビ視聴と家族談笑の関係を明らかにする観点からすると、「団地居住者生活実態調査」はとても興味深い構成だといえる。本調査は、世帯主と配偶者の両方の生活時間を事細かに集計しているため、個人で専念視聴をしているのか、それともながら視聴なのか、また同じ時間に配偶者が専念視聴かながら視聴かを、現在の統計分析技術を用いれば、簡単に共時的に把握することができる。(6)また、平日と休日の生活時間調査をおこなっているため、平日と休日の違いを見ることもできる。第1章「普通の時間の過ごし方の成立とその変容――高度経済成長期の団地生活での一日のあり方」（渡邉大輔）で見たように、夫・妻ともに千ケース強の生活時間票の調査結果が得られているが、休日についても夫が九百三十六ケース、妻が九百五十七ケース、分析可能なケースとして得ら

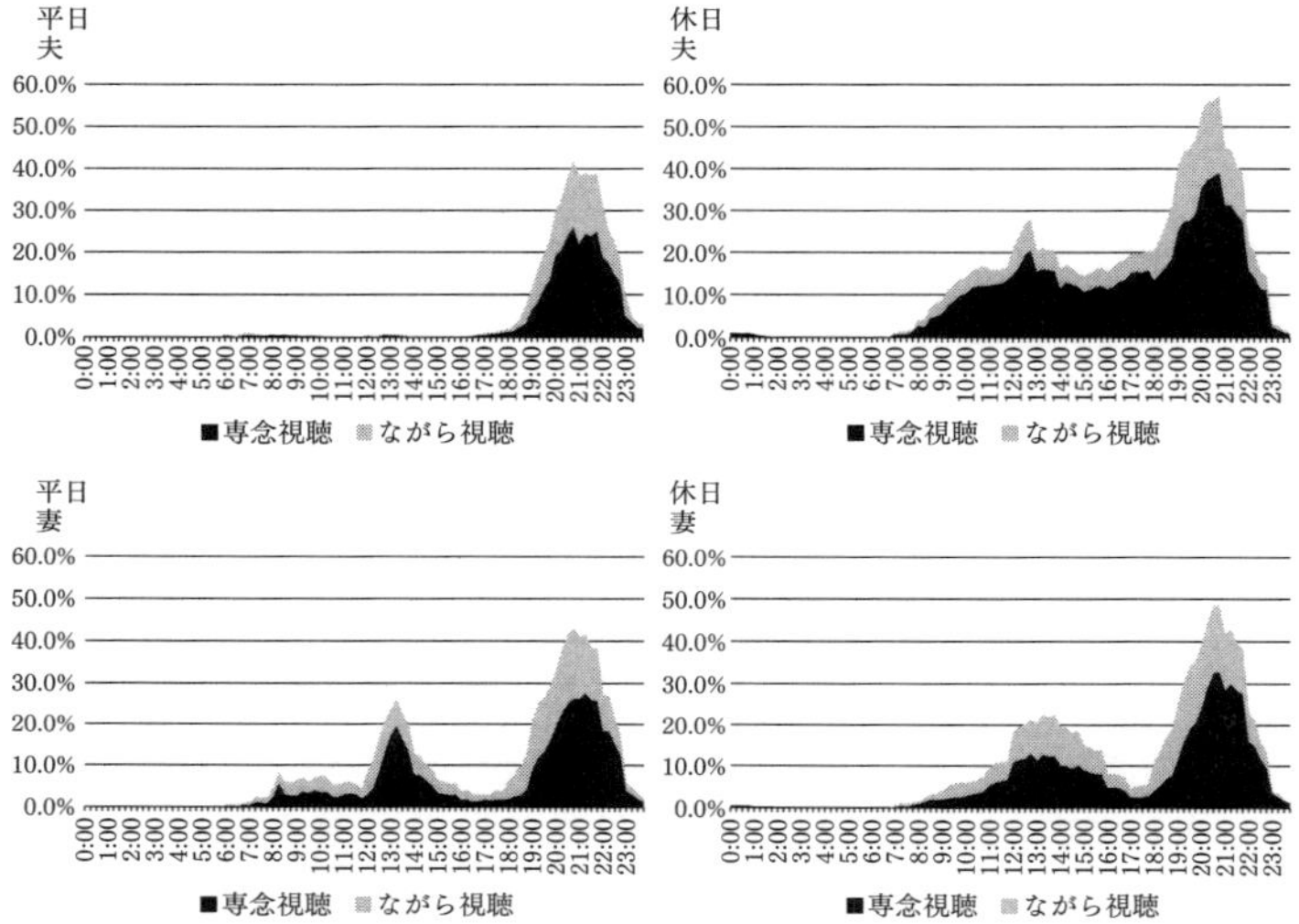

図1　時刻別行為者率と専念度（夫婦別、平日・休日別）
（出典：「団地居住者生活実態調査」分析結果）

れている。

そこでまず、「団地居住者生活実態調査」におけるテレビの視聴活動時間の集計を示そう（図1）。

図1で注目すべきなのは五点ある。第一に、全体として平日よりも休日のほうがテレビを見ていることである。第二に、ながら視聴よりも専念視聴のほうが多く、夫休日は、テレビ視聴の七割が専念視聴、それ以外では六割が専念視聴であり、ながら視聴は四割程度にとどまる[7]。第三に、少し細かい数字を見ていくと、妻のほうがテレビを見はじめるのは若干早く、専念視聴とながら視聴合計して二割を超えるのは、妻は十九時だが、夫は十九時半である。ご飯の支度の前後からテレビがついている妻と、帰宅してくる夫の生活スタイルの違いを表しているように見える。第四に、夫・妻と

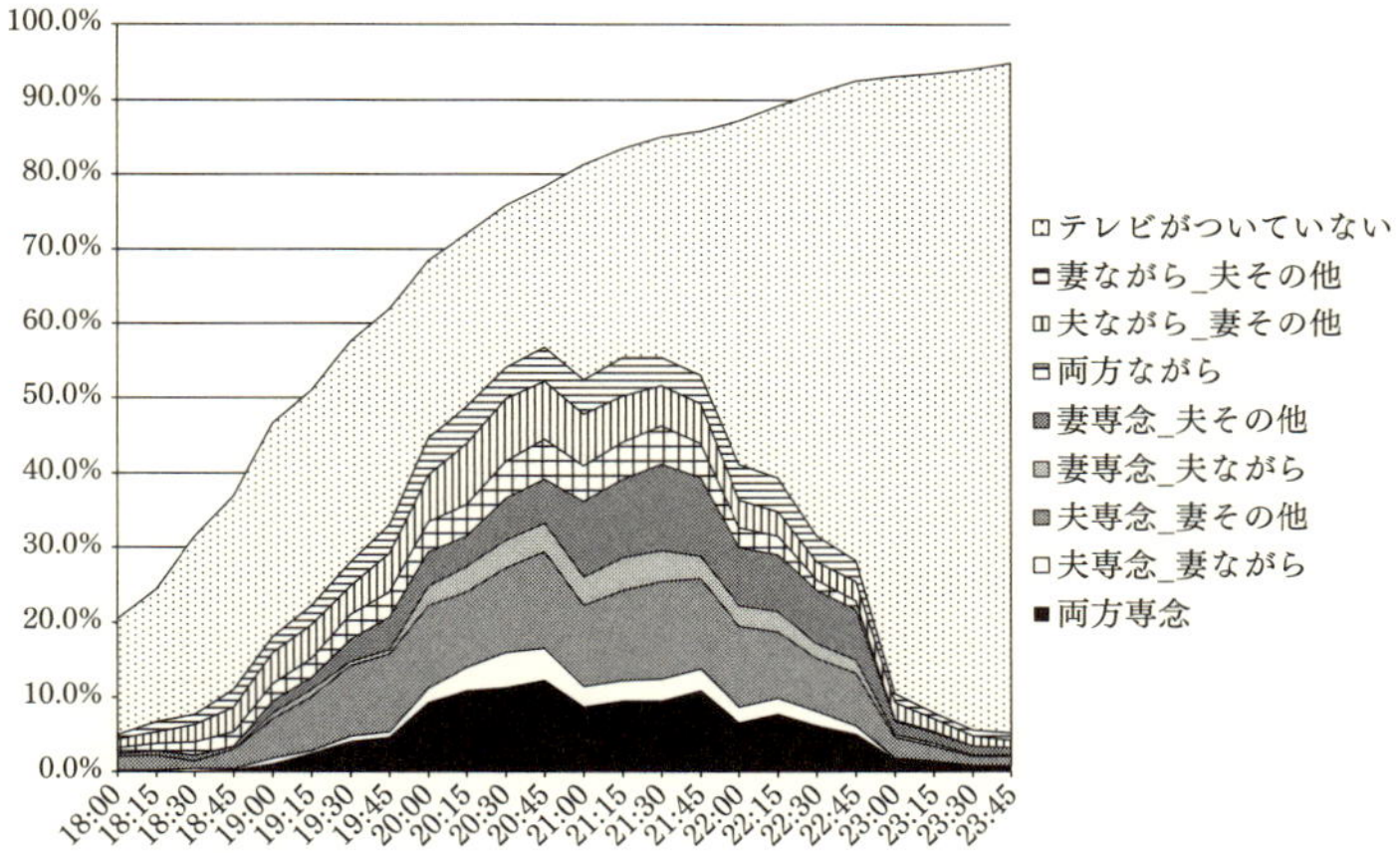

図2　平日夕方以降の家族テレビ時間（家に夫妻がそろい、「テレビがついている時間」の時刻別構成）
注：空白部分は家に夫婦がそろっていない時間
（出典：「団地居住者生活実態調査」分析結果）

もに、テレビを最も見る時間帯は、平日・休日ともに二十時四十五分である。第五に、家にいる妻は、平日昼間の昼食後の時間帯に「専念」してテレビを見る人々が二五％に達している。

休日はテレビがついている時間が長い。平日夜、十八時から二十四時までで、夫と妻のテレビ視聴が「専念」か「ながら」かを見たものが図2である。

第3章で見てきたように、当時のテレビ番組表を用いた検証から、子どもがテレビを見る時間は二十時くらいまでだったと考えられる一方、夫妻がテレビに専念して見る時間帯は二十時から二十二時が多い。二十時から二十二時は全体の一割程度の世帯で夫妻が専念してテレビを見ていて、二十時から二十一時では一割以上の夫が専念視聴をし、妻は二十一時を過ぎると専念視聴が増える。両方専念が増えるわけではないので、おそらく二十時台は、夫がテレビを見ていて妻が家事や育児をしており、二十一時台は妻がテレビを見はじめて夫が風呂などの身の回りのことをすることも多かったのだろう。そして、二十三時を過ぎるとほとんどの世帯ではテレビを消している。これは、当時のテレビ放送がNHKを中心に二十四時で終了していたことも影響しているはずだ。

図1と図2を得るために作成した数値から計算すると、専念視聴がゼロである（一日の行動としてまったくカウントされない）比率は、夫平日で三五・三％、夫休日で二七・三％である一方、妻平日は四六・〇％、妻休日は六四・四％となり、外で働く夫は休日になるとテレビにより向かうようになる。一方、妻は平日も休日も専念して見ていることは少なく、とくに休日は専念してはテレビを見ていないことがわかる。

そこで、ながら視聴がどのような活動とともになされているかを見ると、夫・妻ともに、平日は「食事」とのながら視聴がとても多く（夫平日で百九十三ケース、妻平日で二百四ケース）、次いで「休養・くつろぎ」が多い（夫平日で百七十八ケース、妻平日で百九十三ケース）。休日には、夫・妻ともに「休養・くつろぎ」が夫休日で二百五十六ケース、妻休日で二百四十五ケース、「食事」が夫休日で二百二十九ケース、妻休日で二百三十四ケースと、「食事」よりも「休養・くつろぎ」のほうがながら視聴をする場合が多くなる。また、夫については、それ以外のながら視聴活動は「ラジオ・新聞・雑誌」が平日に六十六ケース、休日に五十八ケースで、あとは休日の「育児」で六十八ケース以外にはながら視聴活動がほとんどなく、夫のながら視聴は、限られた活動との「ながら」にとどまる。(8) 妻の場合は、「育児」が平日で百一ケース、休日でも六十ケースあるほか、「家

表1　夫のテレビ視聴全体の平均時間（夫階級別・本人学歴別）

男性		夫 平日 全視聴	専念	ながら	N	休日 全視聴	専念	ながら	N
全体		81.1	50.4	30.7	1,022	222.4	156.6	65.8	1,002
階級	上層ホワイト	75.5	46.1	29.5	220	216.1	148.7	67.3	215
	下層ホワイト	76.9	46.5	30.4	361	217.3	153.8	63.5	356
	ブルー	86	55.1	30.9	427	230.3	163.5	66.8	418
学歴	高等	74.4	47.1	27.3	263	211.8	148.3	63.4	334
	中等	82.4	50.3	32.1	411	222	152.5	67.5	400
	初等	88.2	54.2	33.9	337	239.7	173	66.7	257
［参考］全国（NHK1965年）		158	102	65	3,099	204	141	75	1,283

（出典：「団地居住者生活実態調査」分析結果）

事」が平日で七十六ケース、休日で五十四ケース、「家事趣味境界」（主に「編み物」をこの分類にコード）が平日で七十六ケース、休日で五十ケースと多様な家庭内での活動をしながら、テレビを見たり、ついたりしている状態であったことがわかる。

　では、このながら視聴も含めて、一日あたりどのくらいテレビを見ていたのだろうか。それを示したのが、表1と表2である。

　表1によると、男性は平日と休日でテレビの視聴時間の差が大きい。平日は、団地全体のテレビ視聴時間が一時間二十一分にとどまるのに対して、休日は三時間四十二分と四時間近くまで長くなる。また、夫階級別・学歴別に見た場合、ブルーカラー層と学歴が初等教育出身の者がテレビ視聴時間が最も長い。また、この表1からわかるように、ながら視聴をする時間は平日で約

表2　妻のテレビ視聴全体の平均時間（夫階級別・本人学歴別）

		妻							
女性		平日				休日			
		全視聴	専念	ながら	N	全視聴	専念	ながら	N
全体		141.3	83.7	57.6	1,021	170.5	102.2	68.3	992
階級	上層ホワイト	132.6	78.2	54.4	215	148.1	89.1	59	210
	下層ホワイト	141.8	82.1	59.6	359	169.1	100.6	68.5	355
	ブルー	145.4	88.6	56.8	428	180.4	109.3	71.1	409
学歴	高等	125	65.8	59.2	75	130.8	78.2	52.6	75
	中等	143.1	83.1	60	557	165.1	97.5	67.6	545
	初等	143.3	88.2	55.1	351	181.9	110.9	70.9	334
［参考］全国（NHK1965年）		225	108	122	2,079	235	125	117	905

（出典：「団地居住者生活実態調査」分析結果）

三十分、休日で六十分強と夫の仕事によってはほぼ変わらない一方、専念視聴をする時間は、平日・休日ともに上層ホワイトカラーとブルーカラーの間では、十分以上の違いが見られる。次に表2によると、妻の場合、平日も平均して二時間以上見ているものの、休日の伸びは平均して三十分ほどにとどまる。また、妻の場合、とくに休日で本人学歴による違いが大変大きく、高等教育出身の妻の場合、テレビの視聴時間は全体で二時間十一分であるのに対して、初等教育出身の妻の場合、専念視聴だけで二時間近い一時間五十一分にのぼり、全体を平均して三時間二分テレビを見ている。一方で、見ない人に焦点を当てると、夫平日のテレビの時間がゼロの割合は全体で四割近く（千五十二ケース中四百十八ケース）あり、夫本人の学歴別の違いは見られない。

つまり、テレビを見る世帯と見ない世帯の違いが学歴などによっていたとはいえないだろう。

2　どのような世帯の、誰がより長く、どのような番組のテレビを見ていたのか

本節では、ここまでの単純集計を踏まえて、さらに、どのような世帯の、誰がより長くテレビを見ていたのかについて、より複雑な計量分析を用いて得られた結果を紹介する。具体的なモデルなどについては、注を参照してほしい(9)。

まず、夫平日では、記述統計上で見られた学歴間の差異は見られなくなり、むしろ世帯類型や仕事の仕方が強く影響を与えていることがわかる。とくに労働時間が長くなるほど、テレビを見る時間は平日では短くなり、一時間の労働時間(家事・育児時間も含む)の増加が二十分強のテレビ視聴時間の減少をもたらしていた(10)。また、夫婦だけの世帯よりは家族人数が多い世帯構成であるほどテレビの視聴時間は減少している一方で、子どもがいることでテレビの視聴時間は増加していた。夫休日の場合は(11)、学歴の効果が安定的に見られ、中卒と比較して、本人の学歴が高卒の場合で二十分以上、大卒の場合で三十分以上も短かった。また、労働・家事育児時間が一時間長かった場合、テレビの視聴時間が十一分強短くなっていた。

妻平日の場合(12)、夫の仕事が専門職・管理職である場合、ブルーカラー職の夫をもつ世帯と比べてテレビを見る時間が二十分程度短かった。また、専業主婦であることによって、妻がテレビを見る

時間は三十分強長くなる結果が見られたものの、家事・育児時間も加えて分析すると、その効果は見られなくなった。妻も労働・家事育児の時間が一時間長くなると、テレビの視聴時間が十二分短くなった。妻休日の場合も[13]、夫の仕事が専門職・管理職である場合は二十分程度短くなる。また、本人の労働・家事育児時間が長ければ長いほど、テレビの視聴時間は短くなる。妻休日の場合は、妻自身が無職であるほうが二十分以上、テレビの視聴時間が短くなった。

以上の分析結果を踏まえると、テレビと階層の関係は、少し慎重な解釈が必要であることがわかる。たしかに、夫休日で本人の学歴が大卒であるほうがテレビを見る時間が短くなるものの、それ以外の夫平日と妻平日、妻休日では、学歴とテレビの視聴時間の関係は見られなかった。むしろ、夫であれ妻であれ、平日・休日いずれにしても、テレビの視聴時間に明確な関係性を与えていたのは、労働・家事育児時間の長さだった。第1章で示したように、神奈川県の団地から都心部に電車で通う高学歴のホワイトカラー層のほうが、通勤時間を含めた労働時間が長かった。そして、通勤時間を含めた労働時間が長い人々のほうがテレビを見る時間が短かったのはある意味で当然の結果である。その結果、家にいる時間が長い人々、すなわち、通勤時間が短い仕事に就く、多くはブルーカラー職の人々のほうが見かけ上はテレビの視聴時間が長くなった。また、女性についても家にいる人のほうがテレビを視聴する時間が長いという結果が出たものの、それは家事・育児時間や内職などの労働時間と反比例する関係にあった。したがって、団地に住む人々にテレビがどの程度入ってくるかは、本人が属する社会階層よりも、そもそも家で「余暇」として過ごす時間の長さと関係し合っていたと推察することができる。

もちろん、生活時間が二十四時間という限られた時間枠のなかで配分されている以上、ほかの余暇の活動とテレビは排他的な関係にならざるをえない。そこで、他の余暇活動についても同様に分析結果を検討する。多様な娯楽活動のなかで、決して数は多くないものの計量できる活動として、当時の男性の余暇時間としてテレビとともに多くの時間を占めていた読書に注目してみよう。ただし、読書についてては大きな留保が必要で、テレビと違ってそもそも読書時間がゼロという人のほうが多い[14]。また、読書時間について特徴的なのは、学歴による差が顕著であることである。夫平日の場合、中卒よりも高卒のほうが五十分ほど、中卒よりも大卒のほうが一時間四十分以上長くなっている。休日の場合も、中卒よりも高卒のほうが六十分以上、中卒よりも大卒のほうが一時間二十分以上長くなっている。一方で、読書時間に負の影響を与える世帯構成は、テレビとの共通関係で見ることもでき、十五歳以下の子どもがいる場合は、夫平日では三十分ほど読書時間が短くなっている。決して広くない団地のなかで、家でテレビがついていればそちらを見ていた可能性も示唆される。また平日・休日ともに、労働時間が長ければ、読書時間が短くなることも変わらない。このように、娯楽としての読書とテレビとを比較してみると、読書という行為は、同じ娯楽であっても学歴分断的な娯楽だったことがわかる。当時の大卒者が、在学時に教養主義の担い手だった可能性が高かったことから考えても、活字メディアが学歴分断的な娯楽だったのに対して、テレビが誰でもアクセスしやすい娯楽だったとも見て取ることができる[15]。

つまりテレビは、活字メディアで情報にアクセスできた人たち（大宅壮一はその一例だろう）にとっては、「白痴化」させるメディアのように見えた一方、それまで社会の情報にアクセスできなかった人たちにはアクセス手段として強力なメディアになったといえる。メディア社会学者の佐藤卓己が、「一億総白痴」になぞらえてテレビから得られる教養情報から「一億総博知」と名づけたこともゆえなきことではないだろう。[16] この点をさらに深めるために、第3章などでも見てきたようなテレビ番組表との照合から、当時の家庭でどのようなテレビ番組を見ていたかを検討しよう。[17]

先に見たように、平日に夫と妻がテレビをよく見ていたのは二十時から二十二時であり、とくに夫は二十時から二十一時に、妻は二十一時から二十二時に見ている世帯が比較的多かった。なかでも象徴的な事例として挙げられるのは、ボクシングの中継である。本調査の期間中とも重なる一九六五年十一月三十日にフジテレビ系で放映された『プロボクシング世界バンダム級タイトルマッチ』でファイティング原田とアラン・ラドキンが対戦した試合の中継は二十時からだった。この対戦は六〇・四%という驚異的な視聴率を記録して、視聴率調査を開始した六二年十二月以来、現在に至るまででも八番目の高記録になっている。[18] そして、この中継の開始時刻が二十時であり、二十一時二十六分まで放送されていた。これ以外にも、プロレスは当時二十時から中継されていた。

スポーツ中継以外では、月曜二十時からTBS系でホームドラマ『七人の孫』、木曜二十時からフジテレビ系で時代劇『三匹の侍』などが放映されている。休日に目を移すと、すでにNHK大河ドラマは毎週日曜日に、現在より十五分遅い二十時十五分から放送されていて、一九六五年は『太閤記』(緒形拳主演)を放送していた。また、日曜日の二十時から九十分間の『超ワイド西部劇』がNET(現・テレビ朝日)系で放送されていた。とくに、大河ドラマ三作目の『太閤記』は年間を通して平均で視聴率が三〇%を超えていて、このような長篇ドラマが日曜のお茶の間に定着したのがこの時期だといえるかもしれない[19]。

平日昼間に妻のテレビ視聴が一時的に高くなっている昼過ぎの時間帯は、〇時四十五分から十五分間、日本テレビ系とTBS系で「婦人ニュース」と銘打った女性向けのニュース番組が放映されていたほか、「映画」「劇」と銘打ったいまでいうドラマがさまざまに放映されていた。すでに「昼メロ」が番組提供側にも視聴者側にも定着していたとみることができるかもしれない。また、第3章で紹介した『TBS歌謡曲ベストテン』(TBS系)、『ゴールデン歌まつり』(フジテレビ系)が二十時から放映されていたほか、現在、土曜日十八時から放映されている『ミュージックフェア』(フジテレビ系)は、一九六五年当時は月曜二十一時から放映されていて、現在のテレビ番組との連続性も見ることができる。

3　テレビは大衆文化の伝達メディアだったのか

一九六五年の団地とは、お茶の間のメディアとしてのテレビが確固たる地位を獲得した場所だった。多くの世帯では一家に一台の情報源として機能していたし、妻無職の場合や休日などではテレビの視聴時間が長くなるように、家族が家にいる時間帯はよくついているものだった。「一億総白痴」などの批判にさらされたものの、本章でみたように、大衆文化というよりは全階層にわたって広まったものだったとみることができる。一方で、前節で読書とを比較したように、学歴によって明確に差異が現れる娯楽でもあった。高度経済成長期に、少なくとも団地に居住する人々の間では——比較的豊かな人々が住む公団住宅でも、所得の上限があり、住宅福祉の性質をもつ公営住宅でも——家庭にテレビがやってきたのは全階層で進行したことであり、まさに「総中流」を彩ったのがテレビであった。そして、テレビ番組によって国民的な経験を共有し、例えば街頭で共有していたボクシングやプロレスの勝敗はお茶の間で家族とともに共有されるものになっていった。

一方で、労働時間や家族育児時間が長い場合は、自然とテレビを見る時間は減っていった。また、妻のテレビ視聴は、ながら視聴の場合が夫よりも多く見られ、家庭内の雑事に紛れながら細切れに、かつ、「昼メロ」の時間に視聴者が増えたように日常の流れに沿って、テレビを見る時間が構成されていった。朝、支度をしながら時計がわりに使うテレビ[20]、昼、食事の合間にあるいは食事を食べ「ながら」見るテレビ、夜、娯楽として「ゴールデンタイム」[21]に見るテレビ——このような一日の流れのなかにテレビがある生活ができあがっていった。そして、決して広くない間取りの部屋であるがゆえに、家族みんなでテレビを共有するようになり、テレビを囲んだ「家族談笑」が全階層を横断する「総中流」の始まりになっていく。団地の2DKの空間は、「一億総中流」と呼ばれる時代のみなが共有する生活文化を形作る場になっていったとみることができるのかもしれない。

注

(1) 青木俊也『再現・昭和30年代——団地2DKの暮らし』(らんぷの本)、河出書房新社、二〇〇一年、

四五ページ

(2) 井田美恵子「テレビと家族の50年――〝テレビ的〟一家団らんの変遷」（NHK放送文化研究所編「NHK放送文化研究所年報――放送研究と調査」第四十八集、NHK出版、二〇〇四年）一二〇ページと、NHK放送文化研究所編『日本人の生活時間・2000――NHK国民生活時間調査』（日本放送出版協会、二〇〇二年）七九ページを参照。

(3) 復元方法については、補章「「団地居住者生活実態調査」の概要とデータ復元について」（渡邉大輔／森直人／相澤真一）を参照のこと。なお、テレビだけを視聴していると明確にわかるものについてはテレビを専念して視聴している「テレビ」というコードを振り、「食事・テレビ」という形で主行動が明確でない場合や、「テレビを見ながら食事」というように「ながら行動」をおこなっている場合には、二桁の数値でコードを割り当てている基本行動に百を追加することで、テレビを見ながらの行動であることがわかるようにしている。この手法をとることで、後述するようにテレビを専念視聴しているか別行動とともにながら視聴しているかが区分できる。

(4) 今野勉『テレビの青春』NTT出版、二〇〇九年、二五―二七ページ

(5)「総白痴」に対して、知識が広まったという意味で「総博知」と評した研究もある（佐藤卓己『テレビ的教養――一億総博知化への系譜』〔岩波現代文庫〕、岩波書店、二〇一九年）。

(6) さらに第3章で用いた世帯員の生活時間票を用いれば、夕食の時間が一家団欒だったのかなども検討することができるものの、本章ではそこまでの検討はおこなわなかった。

(7) なお、NHK放送文化研究所がおこなった調査報告と経年分析（前掲『日本人の生活時間・2000』）でも、テレビの専念視聴とながら視聴の割合は一九八五年以降、ほぼ六：四（専念：ながら）で推移していて、その点で本調査の記入精度は高いものと判断できる。ただし、妻のながら視聴

をコードできない今回の調査票の設計では、十分にデータに反映できていない可能性がある。

（8）なお、夫平日では、「育児」とのながら視聴も十九ケースにとどまり、そもそも「育児」に関わる時間も短い。

（9）本節では、夫平日、夫休日、妻平日、妻休日について、従属変数が取る値の範囲に制限があるという性質を考慮してトービットモデルによる推定をおこなった。とくに、夫平日では千十六ケース中百七十四ケース（一七・一パーセント）がまったくテレビを見ていなかったため、見ていないことを「打ち切りデータ」として含めた推定のほうが最小二乗法による重回帰分析よりも妥当な推定がおこなえると判断した。従属変数はテレビの視聴時間であり、本人学歴、夫職業だけを独立変数として投入したモデル1、本人年齢、妻無職ダミー、十五歳以下、あるいは六歳未満の子どもの有無に加え、世帯類型を「夫婦のみ世帯」を参照カテゴリーとして、「夫婦と未婚の子」「拡大家族」「ひとり親・その他」をダミー変数として投入したモデル2、さらに、本人の労働時間・家事育児時間を投入したモデル3を作成し、モデル間でどのような変数が有意な影響を与えているかを比較・検討した。

（10）夫平日のモデル3で、労働時間の傾きはマイナス〇・三四で、標準誤差は〇・〇二だった。以下も具体的な数字が記載された結果については、推定結果の傾きを報告したものである。

（11）夫休日のモデルでは、九百三十六ケースを分析に投入した。テレビ視聴時間なしで打ち切られたケースは四十六ケース（四・九パーセント）だった。

（12）妻平日のモデルでは、九百九十九ケースを分析に投入した。テレビ視聴時間なしで打ち切られたケースは五十七ケース（五・七パーセント）だった。

（13）妻休日のモデルでは、九百五十七ケースを分析に投入した。テレビ視聴時間なしで打ち切られたケースは五十九ケース（六・二パーセント）だった。
(14) 先に挙げたテレビの専念視聴と同じ形で読書時間を算出すると、夫平日は八五・六％、夫休日は七四・六％、妻平日は八七・一％、妻休日は九二・六％である。
(15) 竹内洋『教養主義の没落――変わりゆくエリート学生文化』（中公新書）、中央公論新社、二〇〇三年
(16) 前掲『テレビ的教養』
(17) 他章同様に、以下の記述では、石島健太郎氏が収集した当時のテレビ欄（「神奈川新聞」掲載）をもとにした検討をおこなう。
(18) ビデオリサーチ社「全局高世帯視聴率番組50 視聴率調査開始（１９６２年12月３日）からの全局高世帯視聴率番組50【関東地区】」（https://www.videor.co.jp/tvrating/past_tvrating/top50/index.html）［二〇一九年七月九日アクセス］を参照。
(19) 大河ドラマの視聴率については、ビデオリサーチ社「ＮＨＫ大河ドラマ（ＮＨＫ総合 日曜20:00～）【関東地区】」（https://www.videor.co.jp/tvrating/past_tvrating/drama/03/index.html）［二〇一九年七月九日アクセス］を参照。なおこの表によると、年間平均でその後三〇％を超えるのは一九八〇年代以降のことである。
(20) 一九六五年にボクシングに次いで、七月五日（月）朝七時三十五分からＮＨＫ総合で放映された誘拐事件のドキュメンタリー『ついに帰らなかった吉展ちゃん』は五九・〇％の視聴率を記録している。前掲「全局高世帯視聴率番組50 視聴率調査開始（１９６２年12月３日）からの全局高世帯視聴率番組50【関東地区】」を参照。
(21)「ゴールデンアワー」「ゴールデンタイム」の出典については、以下に詳しい情報がある。「レファ

レンス協同データベース」(http://crd.ndl.go.jp/reference/detail?page=ref_view&id=1000060873)［二〇一九年七月九日アクセス］

［付記1］本章は、森直人氏が生活時間票の復元完成後、「テレビと「家族談笑」——大衆文化か？」(二〇一六年三月)、「団地のなかのテレビと家族談笑」(二〇一八年三月)で報告してきたものを、森氏の一身上の都合により、データを引き継いだ渡邉大輔と相澤真一が代理で再構成して執筆したものである。図表は森氏がほぼ完成させていたものを渡邉が若干のレイアウトの変更をおこなった。本文の執筆は相澤がおこない、分析内容の一部修正と数値の確認を渡邉がおこなった。本文の内容に誤りがあった場合の責任は相澤にある。

［付記2］本章で用いた図1・図2については、より高精細のカラー版を青弓社のウェブサイト(https://www.seikyusha.co.jp/soutyuryu_color/)、および編著者である渡邉大輔のウェブサイトにアップしている。

コラム４　団地生活と家事の外部化

渡邉大輔

家事を担うのは誰だろうか。戦前は家内の女性や住み込みの女中などが担ってきた。高度経済成長期では、その中心的な担い手が主婦だったことには異論はないだろう。しかし、経済成長期でも、家事のすべてを主婦が担ってきたとはかぎらない。

「団地居住者生活実態調査」では、家事を代替する外部サービスの利用として、既製服の購入（毛糸・編み物、子ども服、婦人服）、夕食のおかず、昼食の購入、そしてクリーニング（羊毛・絹、シーツ）の利用状況を世帯ごとに調べている。調査はどの程度の利用をしているかを五段階（全部、三分の二、二分の一、三分の一、ほとんどなし）で聞いていることから、これを比率に換算して世帯の種類ごとに平均利用率を計算したものが表１である。

この表からは興味深いことがいくつもわかる。既製服の利用は服の種類によって異なり、毛糸や編み物、子ども服の購入は三分の一以下であり、多くの世帯が自宅で服を作り、また、親族や友人などから譲り受けるなどしていた。これに対して婦人服は全体では四五・〇％の世帯が既製服を購入しており、デザイン性がある服は外で買う傾向にあった。

夕食のおかずは二〇％程度の利用であり、基本的には家で作っていたが、一人親世帯は二八・三％と利用率が高く、当時の一人親は現在と同様に夕方から夜間にかけて忙しく働いていたため、なかなか家事に手が回らなかった。

表1　家事の外部化の状況

	夫婦のみ世帯	夫婦と未婚の子世帯	一人親世帯	その他	全体
既製服（毛糸・編物）	37.0%	27.6%	33.3%	26.5%	28.8%
既製服（子ども服）	22.7%	32.4%	32.8%	29.0%	32.1%
既製服（婦人服）	56.2%	44.1%	40.7%	39.6%	45.0%
夕食のおかず	16.5%	19.8%	28.3%	23.0%	19.9%
昼食	28.5%	26.8%	28.3%	32.7%	27.5%
クリーニング（羊毛・絹）	65.7%	54.2%	46.8%	45.8%	54.8%
クリーニング（シーツ）	3.7%	4.5%	7.4%	3.0%	4.4%

クリーニングの利用を見ると、シーツはほとんどの世帯が自宅で洗濯をしているが、羊毛や絹などの高度な洗濯が必要なものは専門業者を利用していた。

また世帯の種類ごとの違いを見ると、全体として夫婦だけ世帯が食事以外の利用率が高く、食事は自宅で作るが、それ以外はサービスを利用することが余裕ある生活を形作っていたことがうかがえる。逆に、一人親世帯では服は自ら作るなどして調達しながら、食事のしたくという日々の家事は忙しさから外部サービスを利用する傾向にあった。

高度経済成長期の家事の外部化は、経済的な豊かさによってだけでなく、生活スタイルからもその利用頻度が規定されていたのである。

コラム5　ミシンと専業主婦の「幸福な」結び付き

佐藤 香

コラム1でみたように、この時代の団地生活で最も普及していた耐久消費財は電気・ガス冷蔵庫、電気洗濯機、ミシンの三種類だった。いずれも九〇％以上の家庭が所有していた。全国消費実態調査で見ると、普及率が最も高いのは七〇％を超えるミシンである。ミシンは当時の日本の家庭に広く浸透していたことがわかる。

アメリカの歴史家アンドルー・ゴードンは、その著作『ミシンと日本の近代』で、明治以来の日本の近代化過程をミシンとの関わり方に焦点を当てて描き出している。この書物は、洋服と着物（和服）の対立、共存、そして洋服による着物の圧倒、という歴史的な推移や、アメリカ資本によるミシンの割賦販売という新しい商業戦略など、さまざまな興味深い事項を描いている。以下では、そのなかから戦後社会でのミシンについて紹介する。大正から昭和初期にかけて家庭用ミシンは徐々に普及していき、全国で百四十万台が保有されるようになっていて、これは十世帯に一台の割合だった。けれども戦争末期の二年間で、そのうちの八十万台が戦争への供出や戦災で破壊されてしまった。しかし、戦後になると「驚くほど速やかによみがえって、輸出と国内市場における日本の機械工業の復興に重要な役割を果たした」(1)のである。ゴードンは、戦後のミシン復活を「機械製の不死鳥」(2)と形容している。

数年前の朝のテレビドラマ『とと姉ちゃん』（NHK、二〇一六年）で、戦争を生き延びた人々が着るものに苦労するエピソードを放映したことを覚えている読者もいるだろう。既製服はほとんどなく、布地なども不足しているなかで、家族が着るものを調達するためには、ミシンを保有しているか否かは重要な違いになった。しかも、戦後の風潮のなかで新しいファッションとしての洋装は憧れの的になった。洋服の作り方の解説と型紙を売り物にした「スタイルブック」は早くも一九四六年に販売が開始され、類似するさまざまな雑誌が刊行された。洋服への移行が進むなかで、ミシンは、日本の女性にとって自分自身や家族、あるいは隣人などの洋服を製作するための不可欠な道具になったのである。その後、洋裁技術とミシンは「嫁入り道具」として一般化していった。

ゴードンが引用しているある調査によると、一九五〇年代の初期、日本の都市部の女性は平均して毎日約三時間を家庭での縫い物に充てていたという[3]。こうした家庭裁縫は、五〇年代半ばごろからゆるやかに凋落しはじめ、六〇年代と七〇年代に既製服の生産が増加して値段も手頃になり、デザインも向上するとともに、急激に落ち込むようになったという。私たちのデータは六〇年代半ばのものだから、家庭裁縫が凋落しはじめた時期といえる。とはいえ、コラム4で示したように、子ども服の六〇%以上、婦人服の五〇%程度が家庭内で調達されていた。

一九五九年の婦人少年局による調査では、多くの女性にとって（この調査では主婦の二五%）裁縫は仕事というよりもむしろ「余暇」活動だったことを明らかにしているという。これらの女性たちにとって、ミシンは快楽と実用性の強力な組み合わせを提供するものだった。女性たちは「注文服や既製服を買うよりも、自分で家族の服を縫ってお金を節約した。彼女らは子供たちや夫が服を喜ぶのを見て、誇りと満足を味わい、そして自分をも魅力的にすることができた」[4]。この時代は、こうした「幸福な専業主婦」が誕生した時期だったといえる。

注

(1) アンドルー・ゴードン『ミシンと日本の近代――消費者の創出』大島かおり訳、みすず書房、二〇一三年、二二八ページ
(2) 同書二三八ページ
(3) 同書二一―三ページ、二八一ページ
(4) 同書三一八ページ

第5章　団地と「総中流」社会——一九六〇年代の団地の意味

祐成保志

1　なぜ団地を調査するのか

「団地」という言葉の由来は、一九一九年（大正八年）の都市計画法施行令に記された「一団地の住宅経営」という文言とされる。当時の大都市は、猛烈な住宅難に見舞われていた。政府は住宅をめぐる争いに体制の危機を察知し、資本家は住宅に対する大衆的な関心の高まりに商機を見いだしつつあった。団地は、住宅問題を解決する切り札として日本社会に導入された。

団地という言葉が日常に浸透したのは、それから約四十年後である。それは、日本住宅公団（公団）が全国各地に建設した集合住宅の代名詞だった。広々とした敷地に鉄筋コンクリートの集合住宅が整然と立ち並ぶ公団住宅の光景は、戦災からの復興と高度経済成長を強く印象づけた。公団が果たした役割の重みは、団地の百年の歴史のなかで突出している。

ただし、公団住宅だけに団地を代表させることはできない。団地という言葉は、私たちの日常生活に溶け込んでいるからこそ多義的である。それが何を指すかは、これに関わる主体の立場によって変わる。では、「団地居住者生活実態調査」（以下、社研調査と略記）はどんな立場から団地を捉えようとしたのか。報告書の冒頭に置かれた定義に、それを知るための手がかりがある。

・相当多数の住宅が一定の地域に計画的に建設されていること。
・多くの場合、国または地方公共団体が住宅政策または社会福祉政策の一環として建設したものであること。
・相当多数の住宅が一定の地域に比較的短期間に建てられ、一時にそれまでは地域的職業的血縁的諸関係がなかった多数の世帯が短期的に入居することになるので、長期間にわたって序々（ママ）に形成されてきた地域社会とは異なった社会関係が生ずる可能性がある[1]。

この定義に従えば、団地は公団住宅に限定されない。鉄筋コンクリート造の直方体の建物である必要はなく、木造やブロック造でもいい（表1を参照）。外見からは典型的な団地に見えたとしても、社宅（企業が従業員のために建設した住宅）は除外される。都市計画法の定義によれば、持ち家から

表1　調査対象の団地の概要

団地名	主な住宅形式	入居時期
藤沢（公団）	鉄筋２ＤＫ	1962-64年
厚木緑ヶ丘（公社）	鉄筋２ＤＫ	1962-65年
川崎古市場（市営）	第１種／鉄筋２ＤＫ	1951-54年
川崎中野島（市営）	第１・２種／平屋	1959-60年
横浜瀬谷（県営）	第１・２種／テラス・鉄筋２Ｋ	1958-62年
寒川（県営）	第１・２種／木造平屋・鉄筋２階建	1960-65年

（出典：神奈川県民生部編『団地居住者生活実態調査報告書』〔神奈川県民生部、1969年〕33―34ページから作成）

なる住宅地も「団地」に含まれるが、社研調査は持ち家の団地を対象としていない。当時、公的機関が供給する住宅のほとんどは賃貸住宅だった。

社研調査がこうした定義を採用したのは、政策の手段として、より具体的にいえば社会政策の手段として団地を捉えていたからである。(2) その目的は、「住宅難の解消」「居住水準の向上」「住宅の公正な配分」の三点に整理できる。団地はそれぞれに一定の解決策を与える。

第一に、住宅難の解消のためには、住宅を短期間で大量に建設しなければならない。効率的な土地利用と迅速な建設にとって、まとまった土地（これを「一団地」という）に同じ形の住宅を建てるのが合理的である。そこで、空間の規格化が求められる。

第二に、居住水準の向上のためには、良質の住宅を手頃な費用で供給することが有効である。その効果は、これらの住宅に暮らす人々の居住水準が向上するだけにとどまらない。家賃が安く質が高い住宅が市場に大量に投入されることになれば、割高の（すなわち、家賃が質に見合っていない）住宅を提供する貸し手の競争力が低下し、それらの住宅の建て替えや改良、家賃の引き下げという間接的な効果も期待できる。すなわち団地は、住宅市場の整備を促進する。

第三に、公正な配分のためには、住宅を必要度が高い人へ優先的に割り当てなければならない。ここで、誰を優先すべきかが問題になる。当時、とくに重視されたのは家族形成期の労働者である。彼らを劣悪な居住環境から救い出して質のいい住宅に住まわせることは、復興と経済成長の担い手となる安定した中間層の育成につながるからである。

社研調査は、単に物理的な特徴から団地を選んだのではない。社会政策と密接に関連した住宅の形式として、団地を対象化したのである。この調査にとって、団地の団地たるゆえんは、建築のデザインというよりも建築と社会の関係のなかに見いだされるものだった。本章では、団地に現れた建築と社会の複合的な関係について、三つの側面――第2節「政策の手段」、第3節「住宅の内部構成」、第4節「集合の形式」――に光を当てながら考察したい。その際に、この複合的な関係のなかで、社会調査が単なる観察者にとどまらず、当事者としての役回りを演じたことに着目する。

2　政策の手段

戦前・戦後の断絶と連続

住宅政策は、空間の均質化、住宅市場の整備、中間層の育成を通じて都市の社会的・政治的安定を図る。団地の開発はそのための一つの手段であり、とりわけ、一九六〇年代には中心的な位置を占めた。つまり団地の急速な拡大は、都市を管理する視点からの戦略に基づいたものである。一方で、それは大衆によって強く待ち望まれ、熱狂とともに受け入れられたものでもある。

戦前と戦後の住宅政策の間には大きな断絶がある。一九二〇年代以来、内務省社会局、その後身である厚生省が担当していた住宅政策は、四五年のうちに戦災復興院に移管された。戦時期に全国で労働者用住宅を供給した住宅営団は、翌四六年、GHQ（連合国軍総司令部）の指令によって閉鎖される。住宅政策の所管はその後も厚生省に戻ることはなく、建設院を経て、四八年には建設省へ継承された。

一方で、戦前から引き継がれた制度もある。重要なのは借地法・借家法（一九二一年）と地代家賃統制令（一九三九年）である。借地法・借家法は一九四一年に大きな改正がおこなわれ、土地や建物の借り手の権利が強化されていた。[3]地代家賃統制令は戦後のインフレで日用品の物価が高騰するなかで、家賃の上昇を抑えた。これらの法令は、住宅の借り手の居住権を保護することを目的としていたが、同時に、住宅の貸し手の財産権を制限することを意味した。このため貸家業の採算は悪化し、住宅を借り手に払い下げる家主が続出した。そして、新しく建てられる住宅は持ち家が中心になった。四一年には二〇％にすぎなかった都市部の持ち家率は、五三年には六〇％近くに上昇している。[4]農地解放ほどではないにしても、資産の分布は様変わりしたのである。

しかし、首尾よく持ち家を手に入れられる人ばかりではない。それゆえ賃貸住宅には根強い需要があった。民間の家主が消極的ならば、政府が関与せざるをえない。敗戦から間もなく、政府は三十万戸の「越冬用簡易住宅」を供給すると約束した。一九四六年には、「国庫補助庶民賃貸住宅」

という仕組みが導入された。これは、自治体が国から建設費の補助を受けて賃貸住宅を建設する公営住宅の制度である。ただし、あくまでも戦災で焼け出された人たちのための応急処置にとどまっていた。

階層別の住宅供給

新たに設けられた建設省は、恒久的な住宅立法の検討を始めた。一九五〇年の住宅金融公庫法に続いて、五一年に公営住宅法が成立する。公営住宅法は、「国及び地方公共団体が協力して、健康で文化的な生活を営むに足りる住宅を建設し、これを住宅に困窮する低額所得者に対して低廉な家賃で賃貸することによって、国民生活の安定と社会福祉の増進に寄与する」と規定している。その特徴は、原価主義の家賃設定、第一種と第二種の区分、生活保護制度との分離である。

公営住宅への国庫補助は第一種＝二分の一、第二種＝三分の二とされ、面積にも差がつけられた。第二種は第一種よりも家賃が安く、より低い所得の層を想定している。ただし、第二種の家賃さえも払えない層は、公営住宅の対象外とされた。[5] 公営住宅は、すべての住宅困窮者を対象としたわけではなく、あくまでも一定の所得が見込める世帯を想定していたことには注意しておきたい。家賃を抑えるために政府がとった方策は、補助を引き上げることではなく、原価を引き下げることだった。各戸の面積は約三十三平方メートル（十坪）程度にまで切り縮められ、安価な木造やブロック造が多用された。

公営住宅は、ボーダーラインはかろうじて超えているが平均的な所得を下回る世帯を対象とした。

持ち家取得のための資金を貸し付ける住宅金融公庫は、十分な返済能力を有する層を対象としていた。両者の中間に位置する層に向けた政策が手薄なままだった。一九五五年に発足した日本住宅公団は、ここに照準を合わせる。その任務は、住宅難の激しい地域へ行政区画を超えた住宅供給をおこなうこと、質が高い住宅、とりわけ鉄筋コンクリート造の住宅を集団的に建設・経営すること、宅地開発を大規模におこなうこととされた。

公団は、政府が特別の機関を設置して住宅供給に乗り出すという点で画期的な仕組みだったが、財政面では政府の関与が弱い。政府は公団に建設のための補助金を与えるのではなく資金を貸し付ける。公団は、入居者が支払う家賃でそれを返済していく。その結果、公団住宅の家賃は公営住宅よりも割高になる。建設費がかさむ鉄筋コンクリート造を採用するとなればなおさらである。それでも中間層が負担できる水準に家賃を抑え込もうとすれば、土地が安いところに建設して面積を縮めるしかない。「公団住宅の〝遠・高・狭〟の問題の根は、住宅公団法の当初からの構想それ自体の中にすでに内在していた[6]」と指摘されるとおりである。

日本住宅公団の設立によって、「三本柱」（公庫・公営・公団）と呼ばれる住宅供給体制が整った[7]。公的住宅供給主体が出そろったのを受けて、一九六六年に住宅建設計画法が成立し、住宅建設五カ年計画が開始された。第一期は、七〇年度までに「一世帯一住宅」を実現することを目指し、六百七十万戸の住宅建設を目標に掲げた。建設は計画を上回る速度で進み、第一期計画の期間中（一九六八年）に、住宅数が世帯数を上回った[8]。

団地を生んだ社会

東京大学社会科学研究所は、敗戦間もない時期から一九五〇年代半ばにかけて「宅地住宅綜合研究」を組織した。メンバーには法学者、経済学者、建築学者、官僚が名を連ねた。土地・住宅問題は、社会科学、工学、行政を横断する課題として扱われていた。その一環で五三年に実施された公営住宅調査の結果が『給与・公営住宅の研究』[9]に収録されている。

一九五〇年代前半、公団住宅が登場する前の公営住宅は多様な階層を含んでいた。都営住宅の場合、月収が二万円を超える世帯は青山アパートで四〇%ほど、青戸（第一種）では約半数に達していた。青山アパートでは少数とはいえ三万円を超える世帯さえ住んでいた。一方、玉川（第二種）にはほとんどおらず、一万四千円を下回る世帯が七〇%ほどを占めていた。

公営住宅に入居することによって居住状況は改善された。それは、入居前の住宅があまりに低水準だったことの裏返しでもある。川崎市営住宅の入居者にもとの住居の広さをたずねたところ、九〇%近くが八畳未満と回答した。当時の神奈川県の都市部で八畳未満の住宅に住む世帯は二〇%に満たなかったというから、入居世帯の困窮の度がうかがい知れる。では家賃はどうか。公営住宅の家賃は「低廉」ではあったが、それらの劣悪な住宅に比べて安価だったわけではない。実際、公営住宅に移り住んだ世帯では、ほとんどの場合、家賃は高くなった。

その分析のなかでとくに興味深いのは、「住宅を求めている人たちに、二つのグループがあるように思われる」[10]という指摘である。一方は低家賃の住宅を求める人々であり、他方は質が高い住宅を求める人々である。この二つの要求を同時に満たすには、質が高い住宅を低家賃で供給できればいい。そのためには、政府の関与を強めなければならない。具体的な方策として、同書は供給者への低利融資と居住者への家賃補助を挙げた。

しかし、この提案が実現されることはなかった。戦後日本の住宅政策では、もっぱら、直接投資による公的賃貸住宅の建設と、間接補助による持ち家の建設が進められた。団地が前者の産物であることはいうまでもない。幅広い民間家主を補助と規制の対象とする仕組みや、家賃負担能力が乏しい世帯に対する公的な家賃補助は、いまだ皆無に等しい。[11] 団地の輝かしさの陰には、選ばれることがなかった経路がある。住宅問題に対峙するために団地を生み、そこに希望を見いだした社会は、ほかの解決策を回避してしまった社会でもあるのだ。

3　住宅の内部構成

住宅設計の標準化

住宅の間取りを表示するときに使う「ｎＬＤＫ」という記号がある。この記号さえあれば、小さなアパートでも、大邸宅でも表すことができる。それは、住宅の間取りが標準化されていることを示している。この記号は、団地の開発を推し進めた政策の産物であり、それに関わった専門家の努力の結晶でもある。[12]

いまではあまり意識されないかもしれないが、LDKはLとDKに分解できる。DK（ダイニング・キッチン）とは、食事ができる広めの台所。L（リビングルーム）は団欒やくつろぎのための部屋である。まずDKが考案されて、のちにLが付け加わった。

DKの機能を明確に意識したモデルが登場したのは一九五一年である。公営住宅の「標準設計」（51C型と呼ばれる）に採用されたことで、広く知られるようになった。標準設計は、設計施工技術の向上と水準の統一を目指して四九年に導入されていた。公的な住宅供給を急ぐなかで、実施にあたる自治体では経験の蓄積がなかったために、その指針を示す必要があったのである。

標準設計と密接な関係があるのが「住み方調査」である。その始まりは戦前までさかのぼる。住宅営団の研究員だった建築学者の西山夘三は、関西の大都市で大量に建設されていた長屋建ての狭小住宅に着目した。さまざまな調査手法を駆使して、西山はそれらの住宅の住み方（部屋の使い方）を定量的に把握することに成功する。そして、「食」と「寝」こそが住宅の核心であるという認識を得た。西山はこれを根拠に、「食寝分離」と「隔離就寝」という設計の原則を主張した。それらは住宅営団研究部の「住宅設計基準案」（一九四一年）――「夫婦と子供とは同室に就寝せざるものとし夫婦以外の成人は子供に準じて居住すること」「寝室とは別に食事室を設けること」――に反映された。

西山の構想の際立った特徴は、個別の住宅の設計にとどまらず、住宅のバリエーションを示したところにある（型計画と呼ばれる）。重要なのは、もっぱら家族構成だけを基準に型を設定していることである。その根拠について、西山は三点を挙げる。それは、「国民生活の標準化」という居住者側の条件、「材料素材の標準化・規格化」という生産上の要請、「生活環境の最大限の利用」という教化・指導上の要請である。(13)

要するに、国民の住宅に対するニーズに大きな違いはなく、あるとすれば家族構成ぐらいであり、住宅のバリエーションは少数の型に集約することが可能である。限られた資材を使って短期間で大量に建設するためにも、無駄を省いた合理的な生活をするためにも、住宅の様式を規格化すべきというわけである。

型計画は、住むという営みを「食」と「寝」、すなわち身体の再生産として捉えたうえで、それらを支える機能を備えた住宅を、相互に置き換え可能で均質な単位として設定する。そこには、例えば転勤でほかの街に引っ越したとしても、同じ型の住宅に入居すれば、以前と同じような生活が再開できる、という前提がある。また、家族の成長に伴い、いま住んでいる型の住宅では十分に機能が果たせなくなれば、別の型の住宅に移り住めばいいということになる。

台所からDKへ

「51C型」を提案したのは東京大学建築学科の吉武泰水研究室である。当時大学院生だった鈴木成文は、「戦後の住宅復興期に、住宅研究に携わる若い研究者の、青春をぶつけるに足る一つのイベントであった」(14)と回想している。鈴木らが取り組んだのは、西山と同じく「食」と「寝」の問題だった。例えば、畳敷きの部屋を二つしかもたない住宅での「寝室分解」についての分析がある。子どもが幼いうちは夫婦と子どもは一部屋で就寝しているが、子どもが成長するにつれて二部屋に分かれて寝るようになる。こうした家族の行動に間取りがどう影響するかが問われた[15]。その結果、部屋の大きさは同じでも、配置によって寝室分解の時期が異なることがわかった[16]。面積が同じでも、すなわちコストは同じでも、内部の構成を工夫すれば望ましい住み方へと誘導できる、というわけだ。

この調査では、もう一つの重要な発見があった。少数ではあったが、三・三平方メートル（一坪）あまりの土間の台所に小さな改造や増築を施し、そこを食事場所とすることで、畳敷きの部屋を二つとも寝室として確保するという住み方が見られたのである。鈴木は当時を振り返って次のように述べている。「一割前後という数値は、一般的傾向を知るうえでは、当然切り捨てられる筈の部分です。しかし我々はそこに、上昇しつつある一割を見たと思ったのです。数値などで実証はしにくいのですが、狭い住居を工夫して住みこなしていこうという、積極的意図が見えたと思ったのです[17]」。ならば、台所をもう少し広くすれば、そこは台所と食事室を兼ねた空間として安定するはずだ。この着眼が51Ｃ型につながる。ダイニング・キッチンは、調査者の視点によって見いだされた先進的な層の住まい方を設計に取り込むことで生まれたのである。

ＤＫからＬＤＫへ

51Ｃ型は、いわゆる２ＤＫの間取りである。その床面積は約四十平方メートル（十二坪）。いまの感覚では、余裕がある一人暮らしか二人世帯にちょうど適した面積だろう。しかし当時は、これは子育てをする世帯向けの住宅として考案された。２ＤＫの間取りは一九五五年に発足した日本住宅公団でも採用されるが、公団発足後数年のうちに3K、3DKの比率が増す。

この点について、一九六五年に刊行された『日本住宅公団10年史』には興味深い数々の記述がある。「一つの住戸の中で個人の領域が独立していくということは、その反面において家族の中で共通に使われるいわば公的の《（ママ）》空間としての居間（リビングルーム）に対する意識を平行的に強める結果となった。しかし、公団の住宅ではダイニングキッチンと寝室だけが考えられてきたのだったから、このような空間は寝室の一部と重なり合い、またはそれを喰うような形で住戸の中の面積を占める他はなかった。そのはね返りとして再び個室の狭さと足りなさが強く意識された[18]」

つまりこういうことである。例えば六畳の部屋に、「洋風の応接セットやテレビやステレオが持込まれ、その用途は寝室としてよりもむしろ居間としての使われ方で固定しているような住い方がかなり多く見受けられるようになった[19]」。さらに、残る部屋に過密就寝することを耐え忍んででもリビングルームを確保する傾向が見られる、と記述は続く。こうした想定外の利用は、前節で紹介した台所の改造と同じく、意欲的な「住みこなし」の表現でもあり、新しい設計のための手がかりにもなった。

一九六〇年、公団からの委託を受けて鈴木らが実施した調査は、居住者がリビングルームと子ども部屋の確保を要求しつつあることを明らかにした。この動向は、住戸内の「公的部分」（食事・団欒の場所＝公室）と「私的部分」（就寝・勉強の場所＝私室）の分化として把握された[20]。鈴木らは、この調査を踏まえ、私室の充実を図るためには「DKがLの延長としての機能をもつ必要がある[21]」と指摘した。そして六三年には、公団の標準設計にLDK型の間取りが登場する。台所からDKを経てＬＤＫに至る住宅の内部構成の変遷は、研究者を媒介とした居住者と供給者の相互作用を映し出しているといえるだろう。

４　集合の形式

プライバシーの優越

一九五〇年代半ばから六〇年代半ばの十年ほどの間に、戦後日本の社会学を牽引した有力な研究者たちが、こぞって団地の調査に乗り出した。[22] この時期に強い関心を集めたのは、団地の近隣関係である。その一つ、磯村英一らの牟礼団地調査（一九五八年）、荻窪・青戸・大島団地調査（一九五九年）は、団地居住者の生活構造と社会意識を総合的に捉えようとしたものである。とくに、社会的属性、住意識、人間関係、生活圏に重点が置かれた。

近隣への態度は、「孤高型」（できるだけ自分の生活を守る）と「協調型」（近所の人と仲良く付き合う）と名づけられた。団地では両者がほぼ拮抗していて、団地以外の地域よりも「孤高型」がはるかに多い。団地内での付き合いは同じ棟の人が約八〇％で、その大半が階段室を共有する人に限られている。その内容は、世間話や挨拶程度の簡単な付き合いが大部分である。こうした狭く浅い交際に対して、回答者の大多数が現状維持を望んでいる。他方で、友人関係は都内に広く分布し、ほとんどが職場の同僚か学校の同窓である。また、親族との心理的紐帯は強い。[23]

近隣関係と親族関係の関連については、家族社会学者・増田光吉が西宮北口アパート調査（一九五七―五八年）で、より綿密な分析をおこなった。[24]近隣関係の阻害要因は「強度のファミリズム」であるとされた。ファミリズム（家族中心主義）は実家や親族への経済的・心理的依存を指す。増田は、近隣関係に否定的・消極的な態度の主婦ほど、また、所得が低い世帯の主婦ほど実家に帰る頻度が高いというデータを示した。

団地住民の人間関係を主題とする調査で必ずといっていいほど引用される文献がある。W・H・ホワイト『組織のなかの人間』[25]（日本語訳は一九五九年）である。ホワイトは、シカゴ郊外の計画的住宅地パーク・フォレストで繰り広げられるミドルクラス住民の活発な近隣関係を描いた。増田は、日本の郊外居住者が「新らしい土地で、新らしい地域社会生活を開拓しようと努力しないで、失われゆく血縁への依頼心を深めている[26]」と指摘し、アメリカとの違いを強調した。[27]

団地像の反転

一九六〇年代、社会調査が描く団地像は劇的に変化した。都市社会学者の奥田道大は、この変化を次のように要約している。「〔昭和：引用者注〕三〇年代前半の団地イメージは、“privacy type”に象徴化されるように、地域的無関心の典型として規定されていた。三〇年代後半には、〔団地は：引用者注〕日常生活基盤の整備・拡充をめぐって住民要求噴出の〝先進的拠点〟としてイメージされる[28]」場所となった。団地で、住民による自発的なコミュニティが形成されつつあることを明らかにしたのは、やはり社会学者だった。

中村八朗による日野町自治会調査（一九六〇―六一年）は、日野町内四カ所（商店街、ブルーカラー社宅、ホワイトカラー社宅、公団多摩平団地）の自治会を比較した。このうち団地自治会は、加入率は低いものの町内最大の住民組織であり、合理的・民主的運営、利益集団的性格、行政機関からの強い自主性という際立った特徴をもっていた。団地自治会の存在は町内の慣習と均衡を揺るがし、旧住民層からなる自治会との緊張関係が生じていたという[29]。

倉沢進による小金井市調査（一九六六年）では、旧住民、団地居住者、団地以外の来住者を比較している。倉沢は、このうち団地居住者の「市民意識」が最も高いことを明らかにした。ここでいわれる市民意識は倉沢独自の概念で、「郷土愛的地域的連帯ないしローカル・アタッチメント[30]」とは異質なものである。政治に関心が高く、自治会の活動を通じて住民の不満や要求を市政に反映させることや、生活環境を守るための市民団体の結成を支持する人ほど市民意識が高いとされる。「新しい市民意識、つまりどこに自分が住もうと、その地域社会を連帯してよくしようとする意識――あるいはコミュニティー意識と言い換えることもできよう――が、団地を中心として形成されつつある。少なくともその萌芽がみられるのである[31]」と倉沢は指摘する。

この調査でも、団地居住者は移動性が高く、定着性が低かった。しかし、親戚・友人との接触は少なく、むしろ近隣との接触が多いという傾向が見られた。同じ来住者でも、団地以外に住む人は親戚・友人との付き合いが多く、近隣との接触は少ない。そして、団地居住者は地域集団への加入率も高い。他地域との比較を通じて、団地での近隣関係と住民活動の活発さが浮かび上がる[32]。

団地住民の組織化は、周辺地域からの孤立や軋轢を招きかねない。この点について倉沢は、「団地エゴイズムとも呼ばれる権利要求が、現実の壁とのフィード・バッグ《ママ》の過程で、地域社会的連帯による共同の解決へと発展したとき、地元の地域社会そのものも、より民主的な共同社会として新しい発展をとげることになろう[33]」と、団地を媒介とした市民意識の波及に期待を寄せた[34]。

団地で育まれた社会

先に紹介した『給与・公営住宅の研究』は、給与住宅についても分析している。給与住宅は、その名のとおり、企業が従業員に支払う報酬の一種である。公営住宅の建設や持ち家取得の支援が本格化する前から、社宅を整備する企業への公的資金の融資が拡大していた。「炭住」と呼ばれた炭鉱の社宅には復興金融公庫から巨額の資金が投入され、一時期は公営住宅を上回る勢いで建設された。

重要なのは、戸数が増大しただけでなく、社宅での経営者と労働者の関係が大きく変化したことである。法によって公認された労働組合が社宅の管理運営に関する発言権を獲得し、労使共同決定や居住者自治が拡大した。「多くの社宅特に集団社宅に於ては自治委員会が組織されてその運用を掌り、労働組合も之を労働条件に密接な関連を有するものとして関心を示し、少くとも福利厚生委員会等に於て会社側と対等の発言権をもつところが多くなった[35]」。職場だけでなく、社宅の管理という場面でも労働者の権利が拡大した。

次のような指摘もある。「社宅コミュニティーにおける労働者の親近感や生活条件の同一性は企業内組合という利点によって階級紐帯意識を強化するのに役立つ。こうして今日では社宅問題はすぐれて労働問題としての性格を強く帯びている」[36]。公共機関が開発した団地よりも一足先に、社宅では労働運動と結び付いた住民の組織化が進んでいたことがうかがえる。

同じ企業の従業員とその家族が住む社宅とは違って、団地には、もともと縁がなかった人たちが住む。一定の条件のもとで、共通の問題が認識され、共同での解決が模索されるようになった。一般の団地の自治組織の運営に、社宅や労働組合での経験が援用された可能性もある。社会調査はこうした変化を捉えた。そのとき、調査の主体と対象者の関係も変わらざるをえない。もはや住民は、「意識調査」が前提にしている、「研究主体の仮説に応じて恣意に抽出される客体」の立場にとどまらず、「住民の論理に研究者のそれをどうフィードバックしうるか」[37]が住民自身の課題になっていく。団地は、研究者がどのような立場で地域に関与するのかが厳しく問われる調査・研究の現場の一つになったのである。

ところで、アメリカ社会学では、多くの研究者を巻き込んで、日本よりも一足早く団地についての研究が活発化した。その一人であるロバート・K・マートンは、自らの団地調査の経験を素材に、「社会調査の社会心理学」というべき興味深い考察を展開している。その結論は次のようなものである。「『客観的』面接調査票にもとづく面接調査状況は必ずしも標準化されていない。インフォマントによる面接調査状況の定義はかなり多様である。面接調査のイメージは、彼らの自己認識、彼らと面接調査員との個人間関係、面接調査員と調査対象者の相対的な社会的地位に由来する。面接調査でのラポールの水準とデータの質は、それに応じて変化する」[38]。これは、空間、調査票、手続きのいずれもが標準化されているからこそ、調査というコミュニケーションの質的な差異が浮き彫りになるということでもある。団地というフィールドは、社会学者に反省を促す「鏡」のような役割を担ったのではないか。

5　団地と「総中流」社会

団地が登場した時代、社会調査もまた急速な発展を遂げた。これは偶然ではない。新設の団地では、開かれた広報を通じて募集を知った人々が、一定の応募要件のもと、先着順や抽選を経て、定型的な住戸・住棟・住宅地に一斉に配置される。そうした手続きは、旧来の市街地での住宅探しとはまったくかけ離れたものである。印刷された大量の質問紙を個別世帯に配布するタイプの社会調査は、団地と相性がいい。奥田道大は「〈意識調査〉の手法と社会学的分析・解釈は、『団地』調査の機会に触発され、いっそうの展開をみていることは、明らかである[39]」と述べている。戦後日本の社会調査にとって、団地での調査経験が跳躍台となったのだ。

あらためて、社研調査の報告書から氏原正治郎たちの問題意識を確認しよう。「この調査研究の目的は、公的機関が建設した住宅団地に居住している世帯のソーシャル・ニーズがどのような種類のものであり、その規模がどれ位か、そうしてこれらのニーズがどのような手段によって充足されているかを、主として生活時間調査によって、究明しようとしたものである[40]」

ここから次のことがわかる。第一に、『給与・公営住宅の研究』とは異なり、住宅政策それ自体の意義や効果を明らかにすることが調査の目的ではなかったということ。調査項目に転居前の居住状況が含まれておらず、団地以外の地域と比較していないのはそのためだろう。

第二に、「ソーシャル・ニーズ」は、氏原らによる調査シリーズの核になる概念である。限界的な生活状況の把握にとどまらず、中間層にまで調査の射程を広げている。それは、より大規模なサンプルを対象とした調査に向かう途上にあったといえる。

第三に、「生活時間」である。これは、団地という空間の均質性を前提にするからこそ、時間の質を対象化できるという見通しがあったからではないかと思われる。それまでの生活時間調査は、ラジオ放送を契機とする全国規模の調査か、工場労働の調査である。日常生活の構造を把握するとき、壁になるのは生活の地域的・階層的な多様性だが、団地の環境ならば、そうした条件はかなり統制できる。この意味で、社研の団地居住者調査は、一九六〇年代の日本社会が可能にした社会調査の実験だった(41)。

社研調査が対象にした団地は、社会階層の相対的位置づけでは「中」の上と下に分布する。より正確にいえば、計画者たちは、戦後の国家再建プロジェクトのなかで新しい中間層の理念を具現化したものとして団地を構想した。そして、それは自らの生活を形作ろうとする人々の無数の小さな構想ともかみ合った。本章で取り上げたリビングルームの形成や住民活動の展開は、住まい方の変化という長いドラマの一幕である。団地の登場は、この変化を一挙に加速させた。

総中流社会の本質とは、格差が存在しないことではない。同じ方向に向かって進む一つの「群れ」が想像され、内部での比較と模倣がおこなわれることのほうが本質的なのである。そこでは、政策の手段、住宅の構成、集合の形式、いずれにも調査・計画の主体と対象の接近が見られる。団地というフィールドが社会学者の調査方法や概念に反省を促したように、計画者も、そして団地に暮らす人々もまた自らに反省の目を向け、その行動と思考を再編成した。対象と主体が同じ一つの社会を生きているという感覚は、総中流社会の主観的な条件である。一九六〇年代の団地は、この感覚によって支えられ、それを強化する装置だったといえるだろう。

注

(1) 神奈川県民生部編『団地居住者生活実態調査報告書』神奈川県民生部、一九六九年、一ページ

(2) 社会政策のなかでの住宅政策の位置づけについては、武川正吾『社会政策の社会学――ネオリベラリズムの彼方へ』(〔「シリーズ・現代の福祉国家」第四巻〕、ミネルヴァ書房、二〇〇九年)の第五章を参照。

(3) 一九四一年の改正借家法は、「建物の賃貸人は自ら使用することを必要とする場合其の他正当の事由ある場合に非ざれば賃貸借の更新を拒み又は解約の申入を為すことを得ず」と定めた。この「正当事由」条項は、家主(貸し手)の都合による立ち退き請求を防止する根拠になった。

(4) 有泉亨編『給与・公営住宅の研究』(〔「東京大学社会科学研究所研究報告」第九集〕、東京大学出版会、一九五六年、vページ

(5) 厚生省の「厚生住宅法案」と建設省の「公営住宅法案」の競合と、前者が頓挫した経緯については原田純孝「戦後住宅法制の成立過程――その政策理論の批判的検証」(東京大学社会科学研究所編

『日本の社会と福祉』（「福祉国家」第六巻）所収、東京大学出版会、一九八五年）、大本圭野『〈証言〉日本の住宅政策』（日本評論社、一九九一年）を参照。
(6) 前掲「戦後住宅法制の成立過程」三六八ページ。一九六〇年前後の公営住宅の位置づけの変化について、詳しくは同論文三七二―三七九ページを参照。
(7) 社研の団地調査に登場する「住宅供給公社」についてもふれておこう。住宅金融公庫の業務には、個人だけでなく、賃貸住宅や分譲住宅を建設する法人への融資も含まれていた。各都道府県は、その受け皿となりうる公益法人（住宅協会や住宅公社と呼ばれる）を設立した。それらの名称を統一し、特殊法人として位置づけなおしたのが地方住宅供給公社法（一九六五年）である。これによって、住宅供給公社には、日本住宅公団や地方公共団体と同様に、ニュータウンの建設を促進する新住宅市街地開発法（一九六三年）の事業主体としての地位が与えられた。公社住宅の対象は公営住宅とは一線を画し、公団住宅と重なる。
(8) 計画戸数のうち公的資金による住宅は約四〇%で、残りは民間による「自力建設」とされた。しかも、公的資金による住宅建設の中心は公庫融資による持ち家だった。地代家賃統制令の段階的な解除による貸家経営の復活も住宅建設に拍車をかけた。
(9) 有泉亨編『給与・公営住宅の研究』（「東京大学社会科学研究所研究報告」第九集）、東京大学出版会、一九五六年
(10) 同書一九一ページ
(11) 生活保護制度の住宅扶助を一種の家賃補助と見なすこともできるが、住宅の質についての規定が欠けているために、居住水準の向上には必ずしも貢献しない。日本の住宅政策の特徴とその問題点については平山洋介『住宅政策のどこが問題か――〈持家社会〉の次を展望する』（「光文社新書」、光文

社、二〇〇九年）を参照。
(12) 本節の内容は、祐成保志「住まいという場を読み解く」（佐藤健二／山田一成編著『社会調査論』所収、八千代出版、二〇〇九年）の一部を再構成し、大幅に加筆したものである。
(13) 西山夘三「庶民住宅の建築学的課題」、建築学会編「建築雑誌」一九四一年十月号、建築学会、三九ページ
(14) 鈴木成文『住まいにおける計画と文化――鈴木成文教授東京大学最終講義』東京大学工学部建築学科高橋研究室、一九八八年、二〇ページ
(15) 鈴木成文『五一C白書――私の建築計画学戦後史』（住まい学大系）、住まいの図書館出版局、二〇〇六年、九八ページ
(16)「六畳＋四畳半＋台所」からなる住宅では、四畳半が台所と隣接している場合、その部屋は食事室として固定され、寝室としては使われにくい。すると、残る六畳に全員が集まって寝てしまうので、寝室分解は遅くなる。逆に、六畳が台所と隣接している間取りでは、それが寝室も兼ねるようになり、分解は早まる。
(17) 前掲『住まいにおける計画と文化』二一―二二ページ
(18) 日本住宅公団『日本住宅公団10年史』日本住宅公団、一九六五年、一四六ページ
(19) 同書一四七ページ
(20) 鈴木らによれば、分化のための条件は家族構成によって異なる。同じ3DKでも、子どもが幼い世帯では寝室に余裕があるため、DKと隣接する居室が一体化される傾向が強い。しかし子どもが成長すると、子どもに独立した部屋を与えるのか、与えるとすれば、「居間」化した居室と夫婦の寝室を兼用するのか、狭いDKに家具やテレビを持ち込んで食事と団欒を両立するのか、といった選択を迫

られる。
(21) 鈴木成文／山成彩子／下山真司／増山雍二／犬木幸子「公私両空間の関係とその平面型との対応――公団アパートにおける公私両空間の分化について」、日本建築学会編「日本建築学会論文報告集」第六十九巻第二号、日本建築学会、一九六一年
(22) 本節の「プライバシーの優越」と「団地像の反転」は、祐成保志／平井太郎／西野淑美「戦後日本の社会調査における住宅の対象化――住宅の社会的意味に関する調査データベースの構築」（住総研編「住総研研究論文集」第三十八号、住総研、二〇一二年）のうち筆者が担当した部分の一部を再構成し、大幅に加筆したものである。
(23) 飯塚進「団地とその生活様式」、岩井弘融／加藤一郎／柴田徳衛／八十島義之助責任編集『住宅・土地・水』（「都市問題講座」第二巻）所収、有斐閣、一九六五年、一二六―一三二ページ
(24) 増田光吉「鉄筋アパート居住家族の Neighboring」、甲南大学文学会編「甲南大学文学会論集」第十一号、甲南大学文学会、一九六〇年
(25) W・H・ホワイト『組織のなかの人間――オーガニゼーション・マン』上・下、岡部慶三／藤永保／辻村明／佐田一彦訳（現代社会科学叢書）、東京創元社、一九五九年（原著：一九五六年）
(26) 前掲「鉄筋アパート居住家族の Neighboring」四ページ
(27) ひばりヶ丘・青戸団地調査（一九五九―六〇年）は、前掲『組織のなかの人間』を翻訳した東京大学新聞研究所の辻村明、岡部慶三らによるものである。彼らはアメリカの大衆社会論、社会心理学、コミュニティ研究を精査したうえで、団地住民の人格類型の検出を中心課題に据えた。ここでもやはり、社交（sociability）を重視するタイプよりも私生活（privacy）を重視するタイプが優勢だった。
(28) 奥田道大「社会的性格と市民意識」、倉沢進編『都市社会学』（「社会学講座」第五巻）所収、東京

大学出版会、一九七三年、一二九ページ

(29) 中村八朗「都市的発展と町内会」、国際基督教大学社会科学研究所編『地域社会と都市化』所収、国際基督教大学社会科学研究所、一九六二年

(30) 倉沢進『日本の都市社会』福村出版、一九六八年、二六三ページ

(31) 倉沢進「団地住民と地元住民」、東京市政調査会編「都市問題」第五十八巻第十二号、東京市政調査会、一九六七年、六四ページ

(32) ただし、近隣関係や地域集団への参与そのものが市民意識を高めるのではない。倉沢は、市民意識を強く規定するのは職業・年齢・学歴といった属性であり、もともと市民意識が高い人、または高くなりやすい人が団地に集中していること、そして旧来の地域集団からの独立が団地での社会参加の活発さをもたらすと冷静に分析している。また、調査された団地が公務員住宅だったことにも注意が必要である。

(33) 前掲「団地住民と地元住民」六五ページ

(34) 倉沢を中心とするグループが一九八〇年代におこなった団地調査については、倉沢進編『大都市の共同生活――マンション・団地の社会学』(「都市研究叢書」第二巻)、日本評論社、一九九〇年)を参照。

(35) 前掲『給与・公営住宅の研究』一六五ページ

(36) 同書一六九ページ

(37) 奥田道大「住民運動と研究者の社会的役割」、鹿島出版会編「SD」第七十一号、鹿島出版会、一九七〇年、三八ページ

(38) Robert K. Merton, "Selected Problems of Field Work in the Planned Community," *American*

Sociological Review, 12(3), p. 312. マートンの団地調査については、ロバート・K・マートン「ハウジングの社会心理学」祐成保志訳（信州大学人文学部編「人文科学論集 人間情報学科編」第四十五号、信州大学人文学部、二〇一一年〔原著：一九四八年〕）を参照。

(39) 奥田道大『都市コミュニティの理論』（現代社会学叢書）、東京大学出版会、一九八三年、一七九ページ

(40) 前掲『団地居住者生活実態調査報告書』一ページ

(41) 団地居住者生活実態調査で藤沢団地の生活時間調査に携わった川上昌子氏の回想（研究会メンバーで聞き取り、二〇一五年二月二十日）から示唆を得た。

コラム6　総中流社会と湘南電車

相澤真一

「湘南電車」とは、一九五〇年に東海道線が八〇系という車両を導入した際につけられた愛称である。それが人口に膾炙し、この地域を走る路線の愛称となった。また、八〇系のオレンジと緑のツートーンカラーの車両が「湘南色」として親しまれるようになった。その後、六三年に導入された同じ「湘南色」の一一三系車両は、二〇〇六年三月まで実に四十年以上もこの地域を走り続けていた。

「湘南電車」こと東海道線は、東京駅を始発として、本書で取り上げた団地からターミナル駅の川崎、横浜、さらには藤沢、茅ヶ崎を結んでいる。もともと東海道線は、東京駅と神戸駅を結ぶ東海道の交通の幹線であり、東海道新幹線開通前は特急電車で東京—大阪間を八時間で結んでいた。一九六四年、東京オリンピックの開催を前に、東京—新大阪間で東海道新幹線が開通して四時間で結ばれるようになり、路盤が安定化したことを確認したうえで、六五年から東京—新大阪間を三時間十分で走る高速化と本数の増発がおこなわれる。その一方で、多くの特急・急行が走っていた東海道線は、その役目を長距離幹線から通勤路線へとシフトさせていく。

このころ、首都圏では、国鉄（現ＪＲグループ）が通勤路線としての輸送力増強を目指して、通称「五方面作戦」と呼ばれるプロジェクトを開始した。その五方面のうちの一方面が東海道線だった。つまり、当時の首都圏では、このようなプロジェクトを進めることが喫緊の対策になるくらい、通勤事情が悪化していた。今回の調査でも第1章「普通の時間の過ごし方の成立とその変容──高度経済成長期の団地生活での一日のあり方」（渡邉大輔）に見るように、東京まで長時間通勤をするホワイトカラー雇用者の姿は、外部からの変化に脆弱な余暇時間をかかえ、のちに郊外型の家族のライフスタイルを規定することになっていく。例えば、「はじめに」で見るように、当時は藤沢団地の最寄り駅の藤沢駅から東京駅まで七十分かかっていた。当時の湘南電車はすでに時速百二十キロが出せる車両になっていたものの、スピードアップを阻害していた原因は、東海道線と横須賀線が東京駅と大船駅間の線路を共有していたからだった。この「五方面作戦」によって、横須賀線側の線路が増設され、東京駅では地下ホームも建設される。東海道線と横須賀線は完全に別路線となり、当時の湘南電車の最高時速百二十キロで運行できる区間が増え、東海道線も横須賀線も所要時間を短縮していった。現在では、東京駅と藤沢駅は東海道線の普通電車で四十七分で結ばれている。

しかし、所要時間の短縮化によって、東海道線沿線の地域は、より遠方まで、東京あるいは横浜の郊外住宅地としての機能を強めていくようになる。今回の「団地居住者生活実態調査」の対象となった藤沢市と茅ヶ崎市だけではなく、その先の平塚市や大磯町、二宮町も、団地が手狭になった家族が一戸建てを建てられる土地を求めてやってくるようになり、宅地開発が進んでいった。その結果、電車の増発と高速化および有料着席乗車のサービスなどは進んだが、現在でも東海道線は最も混雑する通勤路線の一つとして数えられている。

「湘南電車」でもっと楽に通勤したいというのは、この路線で通っていた者たちの切なる希望だったことが当時のデータからもうかがえる。その希望は、現代では都心回帰の流れに向きつつもある。なお、当時の湘南電車は、現在ではすべて銀色をベースとした車両に置き換わった。藤沢駅ホーム内のキオスクは往年の湘南電車の車両を模したデザインになっている。

補章　「団地居住者生活実態調査」の概要とデータ復元について

渡邉大輔／森　直人／相澤真一

本書では、第1章「普通の時間の過ごし方の成立とその変容——高度経済成長期の団地生活での一日のあり方」（渡邉大輔）から第4章「団地のなかのテレビと「家族談笑」」（森直人／渡邉大輔／相澤真一）で「団地居住者生活実態調査」の復元データを用いた二次分析をおこなっている。本章ではこの調査の概要とそのデータの復元について説明する。

「団地居住者生活実態調査」は、一九六五年に神奈川県民生部と日本住宅公団の委託によって、東京大学社会科学研究所の氏原正治郎、小林謙一らが後述する神奈川県下の六つの団地を対象としておこなった調査である。この調査は東京大学社会科学研究所の「労働調査資料」No.64と位置づけられていて、[1]神奈川県民生部関係調査[2]とも呼ばれる調査である。

表1　団地居住者生活実態調査の対象となった6団地

団地名	設置主体	入居年	戸数	形態	家賃	交通*
川崎市古市場	市営	1951－54	346	鉄筋2DK	2,300－2,900	横浜：20分 東京：30分
川崎市中野島	市営	1959－60	398	平屋	1,200－2,900	横浜：60分 東京：70分
横浜市瀬谷	県営	1958－62	206	テラス、鉄筋2K	2,300－3,650	横浜：32分 東京：62分
寒川	県営	1960－65	252	木造平屋、鉄筋2K	1,560－5,800	横浜：50分 東京：80分
藤沢	公団	1962－64	1,142	鉄筋2DK	6,500－7,800	横浜：40分 東京：70分
厚木市緑が丘	公社	1962－65	400	鉄筋2DK	5,720	横浜：43分 東京：53分

注：当時のダイヤによる最短時間。乗り換えなどは考慮していない。瀬谷、寒川はバス使用時

一九六九年ごろに出版された本調査の報告書[3]には、調査の目的として「公的機関が建設した住宅団地に居住している世帯のソーシャル・ニーズがどのような種類のものであり、その規模がどれ位か、そうしてこれらのニーズがどのような手段によって充足されているかを、主として生活時間調査によって、究明しようとしたものである[4]」と記してある。住宅団地という新しい生活空間で、その住民がどのような生活を送っているのかを、労働や経済活動といったこれまでしばしば注目されてきた側面ではなく、一日二十四時間をどのように過ごしているか、生活時間調査という側面から描き出すことに最大の特徴がある調査だ。

調査は、規模や設置年、設置主体が異なる六つの団地を対象としている（表1）。形態や家賃からわかるように、家賃が安いぶん設備が劣る市営・県営の団地と、より設備が充実していて家賃も高い公社・公団の団地と当時次々と建設されて

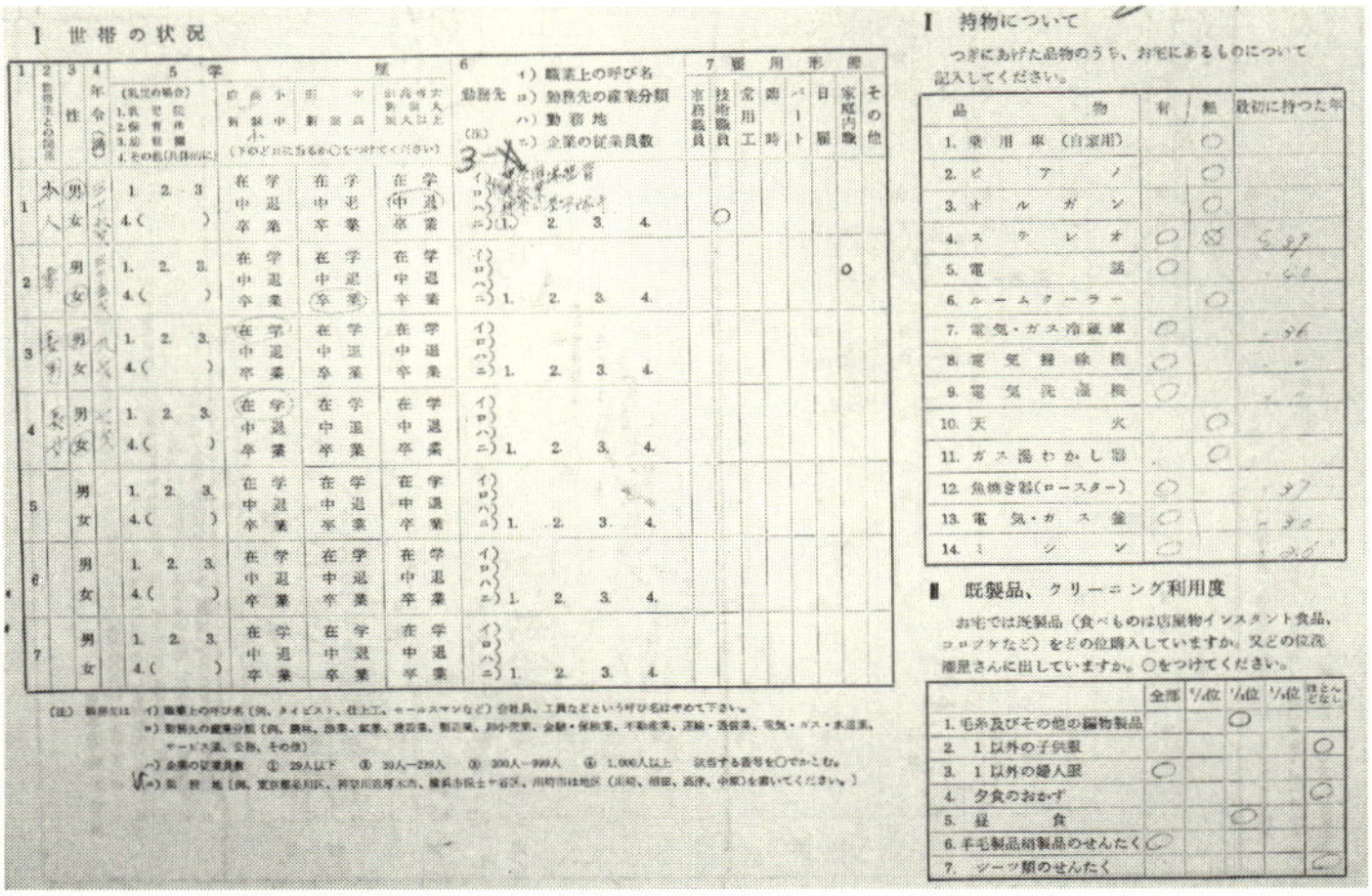

I　世帯の状況

7 雇用形態：官公職員、技術職員、常用工、臨時、パート、日雇、家庭内職、その他

6 勤務先：イ）職業上の呼び名　ロ）勤務先の産業分類　ハ）勤務地　ニ）企業の従業員数

I　持物について

つぎにあげた品物のうち、お宅にあるものについて記入してください。

品物	有	無	最初に持つた年
1. 乗用車（自家用）		○	
2. ピアノ		○	
3. オルガン		○	
4. ステレオ	○	○	
5. 電話	○		
6. ルームクーラー		○	
7. 電気・ガス冷蔵庫	○		
8. 電気掃除機	○		
9. 電気洗濯機	○		
10. 天火		○	
11. ガス湯わかし器		○	
12. 魚焼き器（ロースター）	○		
13. 電気・ガス釜	○		
14. ミシン	○		

II　既製品、クリーニング利用度

お宅では既製品（食べものは店屋物インスタント食品、コロッケなど）をどの位購入していますか。又どの位洗濯屋さんに出していますか。○をつけてください。

	全部	3/4位	1/2位	1/4位	ほとんどなし
1. 毛糸及びその他の編物製品			○		
2. 1以外の子供服					○
3. 1以外の婦人服	○				
4. 夕食のおかず					○
5. 昼食			○		
6. 羊毛製品絹製品のせんたく	○				
7. シーツ類のせんたく					○

図1　フェイスシート部分の調査票原票

いた多様な団地の居住世帯である。調査対象は、この六つの団地の居住世帯である。調査は、団地の自治会役員または管理人・連絡員を通して配布し回収する留置による自記式の質問紙調査法によって、一九六五年十一月から十二月にかけておこなわれた。千三百三世帯に調査票が配布されて千二百六十一票が回収されて千五十三票が有効票とされている。

調査票は大きくフェイスシート、夫婦の生活時間調査（それぞれの平日と休日）、子どもの生活時間調査（平日と休日）の三パートに分かれている（図1・2・3に調査票例を掲載した）。フェイスシート（図1）では、世帯の状況として、続柄、性別、年齢、学歴、職業（職業の呼び名、産業、勤務地、企業規模）、雇用状況とともに、洗濯機やピアノ、オルガンなど十四の耐久消費財の保有状況と取得年、さらに、衣服や洗濯などの外部サービスの利用頻度について質問している点が興味深い。

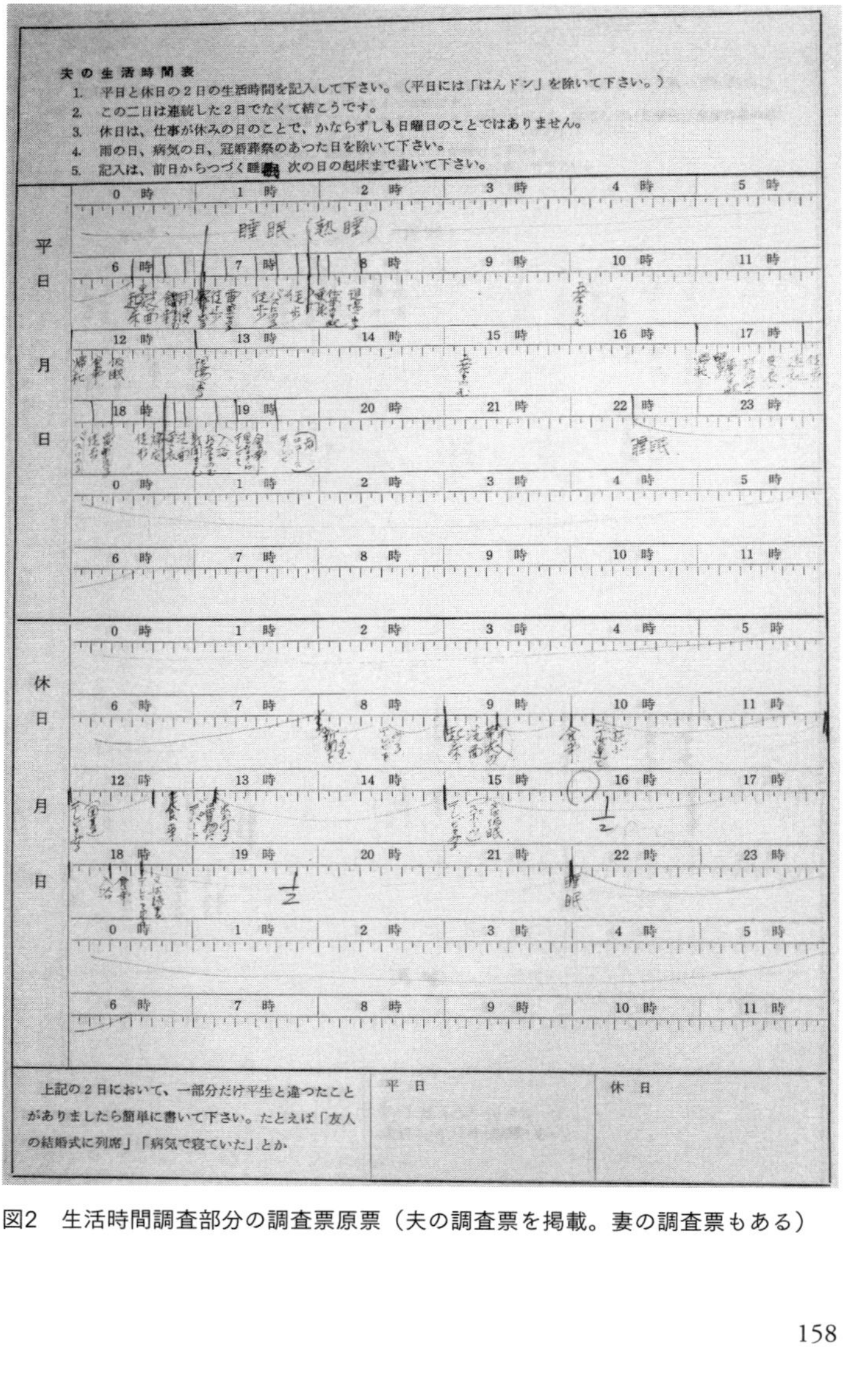

夫の生活時間表

1. 平日と休日の2日の生活時間を記入して下さい。（平日には「はんドン」を除いて下さい。）
2. この二日は連続した2日でなくて結こうです。
3. 休日は、仕事が休みの日のことで、かならずしも日曜日のことではありません。
4. 雨の日、病気の日、冠婚葬祭のあつた日を除いて下さい。
5. 記入は、前日からつづく睡眠 次の日の起床まで書いて下さい。

平日　月　日

休日　月　日

上記の2日において、一部分だけ平生と違つたことがありましたら簡単に書いて下さい。たとえば「友人の結婚式に列席」「病気で寝ていた」とか

平日	休日

図2　生活時間調査部分の調査票原票（夫の調査票を掲載。妻の調査票もある）

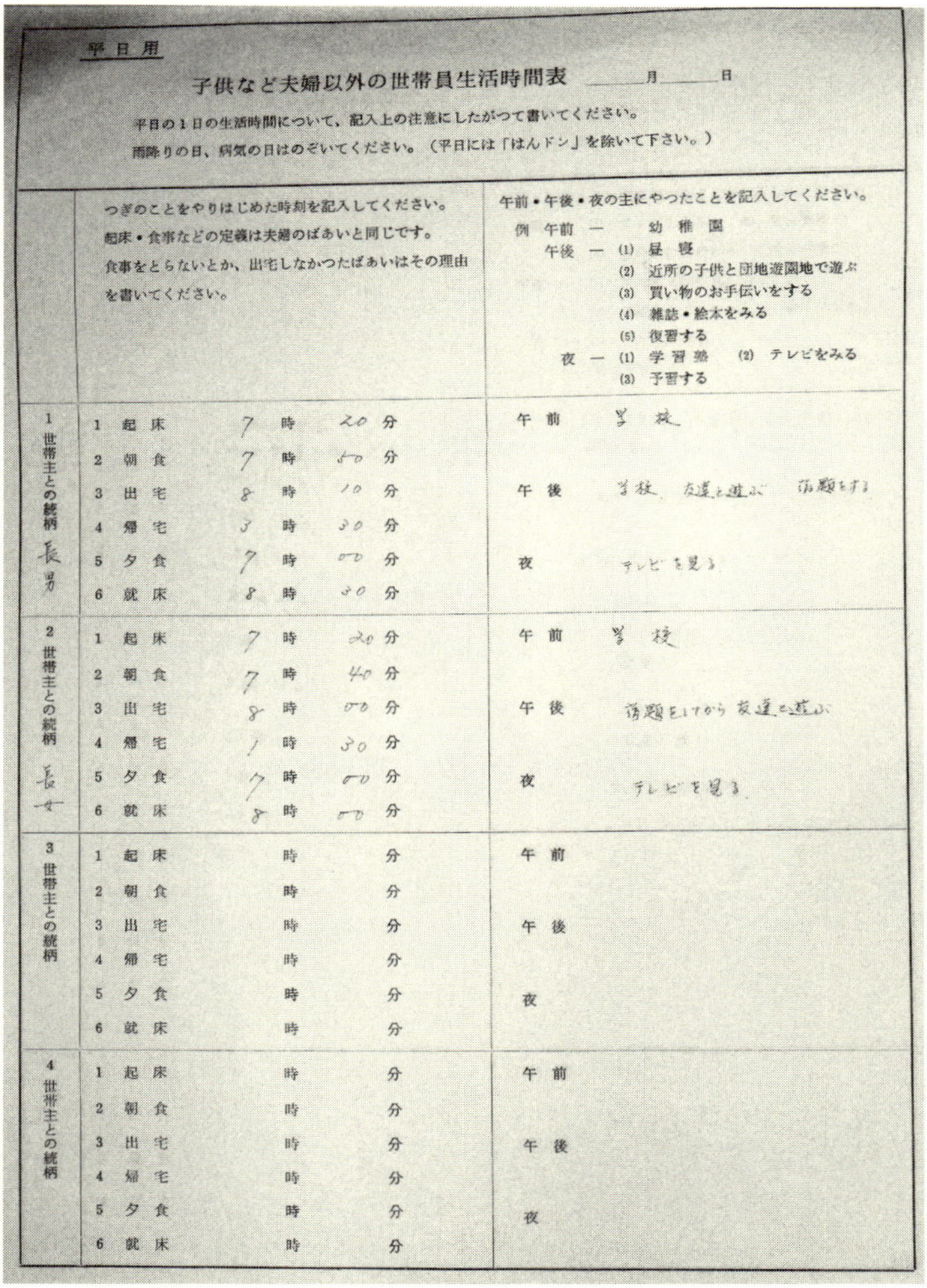

平日用

子供など夫婦以外の世帯員生活時間表　＿＿月＿＿日

平日の１日の生活時間について、記入上の注意にしたがつて書いてください。

雨降りの日、病気の日はのぞいてください。（平日には「はんドン」を除いて下さい。）

	つぎのことをやりはじめた時刻を記入してください。 起床・食事などの定義は夫婦のばあいと同じです。 食事をとらないとか、出宅しなかつたばあいはその理由を書いてください。	午前・午後・夜の主にやつたことを記入してください。 例　午前 ― 幼稚園 午後 ― (1) 昼寝 (2) 近所の子供と団地遊園地で遊ぶ (3) 買い物のお手伝いをする (4) 雑誌・絵本をみる (5) 復習する 夜 ― (1) 学習塾 (2) テレビをみる (3) 予習する
1 世帯主との続柄 長男	1 起床 7時 20分 2 朝食 7時 50分 3 出宅 8時 10分 4 帰宅 3時 30分 5 夕食 7時 00分 6 就床 8時 30分	午前 学校 午後 学校 友達と遊ぶ 宿題をする 夜 テレビを見る
2 世帯主との続柄 長女	1 起床 7時 20分 2 朝食 7時 40分 3 出宅 8時 00分 4 帰宅 1時 30分 5 夕食 7時 00分 6 就床 8時 00分	午前 学校 午後 宿題をしてから友達と遊ぶ 夜 テレビを見る
3 世帯主との続柄	1 起床 時 分 2 朝食 時 分 3 出宅 時 分 4 帰宅 時 分 5 夕食 時 分 6 就床 時 分	午前 午後 夜
4 世帯主との続柄	1 起床 時 分 2 朝食 時 分 3 出宅 時 分 4 帰宅 時 分 5 夕食 時 分 6 就床 時 分	午前 午後 夜

図3　子どもの生活時間部分の調査票原票（平日用を掲載。休日用もある）

これらは、当時の団地生活のリアルを捉えるうえで、耐久消費財や外部サービスが重要と想定されたからだといえる。逆に、世帯収入や個人収入が測定されていない点もまた特徴的である。これはおそらく、団地の種類によってある程度収入が類推できること、また、収入を聞くことが回収率に影響することを考慮したものと考えられ、当時の団地でのプライバシー観念の高まりを推察させるものだといえるだろう。夫婦の生活時間調査（図2）では、自記式で平日と休日の生活行動について、一日二十四時間を十分刻みの目盛り付きの調査票で質問している。これは回答者に自由に記述させたうえで、分析では分析者がコードを振るアフターコーディング方式の生活時間調査票である。[5]子どもの生活時間調査については、夫婦以外の四人までの世帯人員について、平日／休日別に起床、朝食、出宅、帰宅、夕食、就床の六つの行動時間と、午前、午後、夜の行動内容の自由記述によって構成している。当時の子どもの生活時間はほかの社会生活時間調査でもほとんど調査されていないことから貴重なデータだといえる。[6]

データの復元は、以下のようなプロセスを経ておこなった。まず、二〇一三年に東京大学社会科学研究所で、保管されていたすべての調査票をデジタルカメラで撮影し、画像データとして複製した。ここでは、六団地千五十二世帯の調査票を撮影した。報告書には有効回収世帯数となる千五十三世帯の集計をもとにした分析が記載されていて、一世帯分が欠けている。[7]なお表2に記載したように団地ごとの報告書の集計数と本復元データの集計数には食い違いがあるが、原票となる調査票の記載を優先して復元している。

撮影に引き続き、二〇一四年から調査データの入力作業を東京大学、成蹊大学、筑波大学でおこ

表2　団地居住者生活実態調査の調査状況と復元時の残存数

	配布数	配布率	回収数	集計数	残存数	残存率
川崎市古市場	200	58%	200	198	192	96.0%
川崎市中野島	200	50%	196	159	160	81.6%
横浜市瀬谷	191	76%	182	153	153	84.1%
寒川	192	100%	165	133	133	80.6%
藤沢	300	26%	299	213	212	70.9%
厚木市緑が丘	220	55%	219	197	202	92.2%
合計	1,303	45%	1,261	1,053	1,052	83.4%

注：配布数、配布率、回収数、集計数は報告書記載の数値。残存率は、東京大学社会科学研究所に保管されていた調査票の残存数／回収数

なった。入力作業はおよそ一年二カ月をかけ、二度の入力と文字データのコーディングをおこなった[8]。生活時間部分については、二十三の生活行動のコードを使って十五分単位でコード化した[9]。本調査の調査上の特徴として、複雑な生活時間調査部分も含めて基本的には自記式の調査であるため回答者による「ぶれ」がしばしば見られた。調査票は、当時の分析者が修正していたが、明らかな誤字や誤回答の修正を除いて、基本的には調査票の回答者の記入を尊重した復元をおこなっている。また、当時の記載を重視したことから、生活時間での重複などを想定し、テレビを見ながらの作業を「ながら行動」としてそれとわかるようにコード化した。さらに、家のなかにいたか／外にいたかについてもわかるようなコード化をおこなっている。これらの作業によって、現在の統計ソフトなどを使って再集計・再分析できる状況を整えた。本書はこの復元作業による知見の一部となる。

なお、本調査の復元データは、東京大学社会科学研究所のＳＳＪＤＡで二〇一九年度末までに公開する予定である。

注

（1）東京大学社会科学研究所の「労働調査」資料については、労働調査論研究会編『戦後日本の労働調査』復刊版（東京大学出版会、二〇〇一年）を参照のこと。労働調査資料のこれまでの復元については、相澤真一／小山裕／鄭佳月「社会調査データの復元と計量歴史社会学の可能性――労働調査資料（1945-1961）の復元を事例として」（ソシオロゴス編集委員会編「ソシオロゴス」第三十七号、ソシオロゴス編集委員会、二〇一三年）、佐藤香／相澤真一／中川宗人「歴史的資料としての社会調査データ」（野上元／小林多寿子編著『歴史と向きあう社会学――資料・表象・経験』所収、ミネルヴァ書房、二〇一五年）を参照のこと。

（2）この表現は、大須眞治「戦後社会調査の流れ」（江口英一編『日本社会調査の水脈――そのパイオニアたちを求めて』所収、法律文化社、一九九〇年）において、東京大学社会科学研究所、江口英一、籠山京らによる多様な社会調査の変遷を整理したなかで用いられた表現である。「神奈川県民生部関係調査」は五つの調査があり、「団地居住者生活実態調査」はその最後の調査となる。

（3）報告書である神奈川県民生部編『団地居住者生活実態調査報告書』（神奈川県民生部、一九六九年）の出版年については、報告書に出版年の記載がなく、他書やデータベースなどでは一九六九年の記載と六八年の記載が混在している。本書では、図書館などの登録情報などをもとに六九年に統一する。

（4）同書一ページ

（5）日本の代表的な生活時間調査である「社会生活基本調査」（総務省統計局）では、二十の生活行動を十五分単位で選ばせるプリコーディング方式を採用していて、ＮＨＫの「国民生活時間調査」では本調査と同様のアフターコーディング方式を一九九〇年まで採用していた。

（6）本調査と同時におこなわれた大規模な生活時間調査としてＮＨＫの「国民生活時間調査」がある。これは一九六〇年に全国を対象におこなった調査で、世帯の十歳以上の全員が対象になっているが、九歳以下は対象ではなく、小学校低学年や未就学の児童の生活状況などは調べられていない。詳しくは、ＮＨＫ放送文化研究所編『日本人の生活時間［1963］』（日本放送出版協会、一九六三年）を参照のこと。

（7）表2にあるように、団地ごとの集計数と残存数は必ずしも一致していない。調査票の保管は明確に団地ごとにおこなわれていて、団地ごとに振られた通し番号などが残されていたことから、復元作業では調査票の通し番号などを踏まえた復元をおこなっている。

（8）また子どもの生活時間調査については、二〇一七年にも中京大学で追加のコーディングをおこなっている。

（9）生活行動のコードは、「社会生活基本調査」の二十の生活行動に加え、本調査で特徴的と考えられた三つの生活行動「家事と趣味の境界」「テレビ」「読書」を追加した。「家事と趣味の境界」とは裁縫など、家事としておこなっているのか、趣味としておこなっているのかがあいまいな行動を対象としている。

おわりに

渡邉大輔

植木等が「サラリーマンは気楽な稼業ときたもんだ」と歌ったのは一九六二年だった。高度経済成長期のただなかで、新しくサラリーマンになった者にはまだまだ余裕があった。高度経済成長期後期になると、このサラリーマンたちは六九年前後から放送された丸善石油(現コスモエネルギーホールディングス)のCMソングにちなんで「モーレツ社員」と呼ばれるようになる。本書が「団地居住者生活実態調査」を使って描き出した団地に居住する家族の姿は、この「気楽な稼業」から「モーレツ社員」へと至るはざまの、牧歌的ではあったが遠距離通勤や長時間労働が始まろうとする時代の雇用労働者であり、サラリーマンの夫を支える妻による生活だった。

「はじめに」では本書の目的を、生活文化の次元で、日本の「総中流」の時代の「始まり」を実証的に描き出そうと試みることだとした。高度経済成長期の団地はその最先端の舞台だったといえる。実際、団地ではほぼすべての世帯が夫婦と未婚子による核家族であり、夫は自営業ではなく雇用労働者であり、妻は内職の有無は別として専業主婦が多く、多くの耐久消費財に囲まれて暮らしていた。当時、このような生活は、未来の、そして実際に到来した「新生活」であった。

本書で見たように、この新しい生活文化の形成は、広範囲な領域で起きていた。長時間の通勤をするサラリーマンの姿や、それを支える主婦のあり方を（第1章「普通の時間の過ごし方の成立とその変容――高度経済成長期の団地生活での一日のあり方」〔渡邉大輔〕）、周囲の社会資源を活用しながら主婦が子育てをするあり方を（第2章「団地での母親の子育て」〔石島健太郎〕）、放課後から就寝までの間は多くの時間を家庭学習とテレビ視聴に充てていた子どもたちのあり方を（第3章「団地のなかの子どもの生活時間」〔相澤真一〕）、ほぼすべての家庭に普及していたテレビを家族で視聴するあり方を（第4章「団地のなかのテレビと「家族談笑」」〔森直人／渡邉大輔／相澤真一〕）、そしてそれを支える団地に対する住宅政策や社会調査の視線を（第5章「団地と「総中流」社会――一九六〇年代の団地の意味」〔祐成保志〕）分析することで、「普通の生活」がどのように構築されていたかを明らかにした。一九六五年の団地の姿の分析を通して、その生活が現在の私たちでも十分に想像可能な「普通の生活」になっていたことは見てきたとおりである。

同時に、本書の特徴として、計量的な分析をおこなうことで、その内実の多様性を示した点もあらためて指摘したい。サラリーマン家庭は同じように時間を過ごしているのではなく、男性についても職業階層によって時間の過ごし方のパターンが異なっていて、とくに夕刻の過ごし方や就寝のタイミングに違いが見られた。また育児に関しては、男性の育児参加がむしろトータルでの育児時間を増やすこと、同じ団地内での専業主婦率が高い――ママ友率が高いと想定される状況である――ほど育児時間がわずかだが短くなることを示すことができた。このことから、外部環境となる団地内でのネットワークが育児に影響を及ぼすことが明らかになり、団地生活は必ずしも「マイホーム」だけを重視する互いに孤立した住人ではなく、互いに協調関係をもっていたことが実証的に示されている。同時に、主婦率が低いタイミングで団地居住をした人々はこれらのネットワークが利用できない可能性も示し、このネットワークに参加できない人の育児負担が重くなることが明らかになった。

このように高度経済成長期に確立していく生活の標準化は、その内側に多様性を秘めるものだった。だから、生活が画一化したのではなくて「普通の生活」という観念が成立してしまったことで、むしろその内側の多様性が見えにくくなる時代の始まりだったといえるだろう。第5章で祐成保志が「総中流社会の本質とは、格差が存在しないことではない。同じ方向に向かって進む一つの「群れ」が想像され、内部での比較と模倣がおこなわれることのほうが本質的」（一四五ページ）だったと指摘したように、高度経済成長期に成立した生活の標準化がより広範に日本社会を包み込む一九七〇年代に、その内側に多様性を秘めながらも「総中流」という観念が成立していったといえる。

それでは、この時期に構築された新しい生活は、その後どのようになっていくのだろうか。「おわりに」では、現代への影響について補足したい。

高度経済成長期以降に、近代家族的な標準モデル、つまり夫が仕事を妻が家事・子育てをおこなう家族の形が一般化していく。このなかで夫と妻が互いの仕事を「担わなくていい」という「既得権意識」が醸成され、男性は家事や育児に参加しなくてもいいという意識をもちつづけることで女性の二重労働が「普通の生活」を脅かしていく原因になった。また、働き方では、夫の仕事は長時間化する傾向にあり、さらに郊外の開発が進んで通勤時間がより一層延びるなかで、男性雇用労働者にとって平日の家族と過ごす時間や社交時間の削減、さらに、睡眠時間の減少という結果にもなっていった。中流なのになぜこのような苦労があるのかという不満感のなかで現在に至るワーク・ライフ・バランスの課題が形成されていく。これらは、本書でその生活時間の多様性を規定した職業階層間の亀裂がより先鋭化していく過程で生じる問題と位置づけることができる。また、第3章で相澤真一が指摘したように、育児・教育では一九七〇年代以降に塾通いや部活動が子どもたちの生活を変えていった。誰もが「普通の生活」を営むことができるという幻想は、実態レベルでも言説レベルでも解体し、二〇〇〇年代以降の格差社会論へと向かっていくのである。

このように総中流の始まりで内包されていた多様性がより一層深刻化し、格差へとつながっていった。当時のデータの復元と二次分析という手法を用いて生活文化のあり方を計量的に描き出すことで、総中流の始まりという観点から団地と生活時間の戦後史の一つの断面を描き出したことが、本書の最大の成果である。

最後に、本書の成立にはここでは書ききれないほどの多くの方が関わってきたことを述べたい。まず何よりも、一九六五年当時に氏原正治郎らによって「団地居住者生活実態調査」がおこなわれたこと、そしてそのデータが東京大学社会科学研究所に保管されていたことである。復元調査を通して感じたことは、生活時間を扱うというとてつもなく複雑なかつ大量の作業を要する調査をコンピューターなどの計算機が貧弱な時期におこなったという事実に畏敬の念しか感じえない。「団地居住者生活実態調査」の実査や集計に関わった川上昌子先生（淑徳大学名誉教授）に、二〇一四年に調査当時の様子をうかがった際に、手作業でおこなわれた集計の苦労について「時間調査は千四百四十分にならないといけないのです。総合計が」「千四百四十という数字を追いかけたという記憶があります」と話され、五十年たった現在でも具体的な数字を即答される様子に、調査の苦労が示されていた。川上先生をはじめ、当時、本調査に関わった人々の多大な努力があったからこそ本書は成立している。

次に、資料の提供だけでなく、あらゆる面で多大な支援をいただいた東京大学社会科学研究所附属社会調査・データアーカイブ研究センターと、その復元、分析、公開で全面的かつ精力的にご支援いただいた佐藤香教授の名前をここに記したい。なによりも社会調査資料を復元し、現代史の計量分析が果たせる役割の意義を知悉して、かつその意義を誰よりも深く理解している佐藤先生のご尽力がなければ、このプロジェクトは成立しなかった。写真撮影からコーディング、社会科学研究所との調整など実務面でも大変なご協力をいただいた。また東京大学社会科学研究所の教員、スタッフ、図書室にも多大なご協力をいただいている。佐藤先生と社会科学研究所のみなさまに心から感謝を申し上げる。

本データの復元の実際の作業面で多大なご尽力をいただいた成蹊大学、筑波大学、中京大学、東京大学の学生、そしてその監督業務をおこなったプロジェクトメンバーにも深く感謝したい。復元では、写真撮影、データ入力、コーディング、入力確認など、膨大な作業が伴う。そのすべての場面で、実に真摯に作業を遂行し、ときに監督業務をおこなっているメンバーの判断の「ぶれ」を指摘するなど、データの復元で欠かすことができない貢献を果たしてくれた。二十人前後になるため名前を挙げることはできないが、彼女／彼らの活躍がなければ、この二次分析プロジェクトは決して成立するものではなかった。

本プロジェクトは、東京大学社会科学研究所附属社会調査・データアーカイブ研究センターによる課題公募型研究の二〇一三―一四年度「戦後日本社会における都市化のなかの世帯形成と階層構造の変容」（代表者：森直人）、二〇一五―一六年度「戦後日本における福祉社会の形成過程における計量社会史」（代表者：渡邉大輔）、二〇一七―一八年度「戦後福祉国家成立期の福祉・教育・生活をめぐる調査データの二次分析」（代表者：相澤真一）、二〇一九年度「戦後福祉国家成立期の福祉・教育・生活をめぐる調査データの二次分析」（代表者：石島健太郎）の成果の一部である。これらのプロジェクトでは、「団地居住者生活実態調査」が含まれる「労働資料調査」のうち、さらに一九六二年の「福祉資金行政実態調査」、六三年の「老齢者生活実態調査」の復元もおこなっている。「団地居住者生活実態調査」を含め、これらのデータは東京大学社会科学研究所附属社会調査・データアーカイブ研究センターのＳＳＪＤＡにおいて順次公開する予定である。高度経済成長期の多様な側面の分析がミクロデータで分析できるものであり、関心がある方はぜひ公開後に分析を試みていただきたい。

最後に、本書が刊行できたのは、青弓社の矢野未知生さんの大変に適切な支援と的確なコメントがあったからである。相澤真一／土屋敦／小山裕／開田奈穂美／元森絵里子『子どもと貧困の戦後史』(〔青弓社ライブラリー〕、青弓社、二〇一六年)から継続する「戦後史」シリーズの第二弾となる本書に対して、欠かすことができない支援をいただいた。心から感謝を申し上げたい。

社会調査データの復元という作業をするなかで、「労多くして実り少ない作業ではないか」という指摘もあるだろう。しかしこの作業は、先人たちの苦労と努力の結晶を次世代に引き継ぎ、新しい分析と社会理解をもたらす作業だと確信している。そして本書の研究はまた、次の研究につながるスタートラインを作り出すものであり、先人のバトンを次につなぐものであると信じている。

二〇一九年五月　　執筆者と研究メンバーを代表して

［著者略歴］
石島健太郎（いしじま けんたろう）
1988年、東京都生まれ
帝京大学文学部講師
専攻は障害学、医療社会学
共著に『障害社会学という視座』（新曜社）、『戦後日本社会の誕生』（弘文堂）、論文に「介助者を手足とみなすとはいかなることか」（「障害学研究」第13号）など

佐藤 香（さとう かおる）
1960年、東京都生まれ
東京大学社会科学研究所附属社会調査・データアーカイブ研究センター教授
専攻は計量歴史社会学、教育社会学
著書に『社会移動の歴史社会学』（東洋館出版社）、編著に『ライフデザインと希望』（勁草書房）、共著に『家族と格差の戦後史』（青弓社）など

祐成保志（すけなり やすし）
1974年、大阪府生まれ
東京大学大学院人文社会系研究科准教授
専攻は文化社会学、住宅研究
著書に『〈住宅〉の歴史社会学』（新曜社）、共著に『未来の住まい』（柏書房）、『文化の社会学』（有斐閣）、訳書に『ハウジングと福祉国家』（新曜社）など

［編著者略歴］
渡邉大輔（わたなべ だいすけ）
1978年、愛知県生まれ
成蹊大学文学部准教授
専攻は老いの社会学、社会老年学
共著に『ソーシャル・キャピタルと格差社会』（東京大学出版会）、『ライフスタイルとライフコース』『変貌する恋愛と結婚』（ともに新曜社）、『計量社会学入門』（世界思想社）など

相澤真一（あいざわ しんいち）
1979年、長崎県生まれ
上智大学総合人間科学部准教授
専攻は教育社会学、社会調査、比較歴史社会学
共著に『子どもと貧困の戦後史』（青弓社）、『〈高卒当然社会〉の戦後史』（新曜社）、共編著に *High School for All in East Asia*（Routledge）など

森 直人（もり なおと）
1970年、石川県生まれ
筑波大学人文社会系准教授
専攻は教育社会学
共著に『教育システムと社会』（世織書房）、『再検討 教育機会の平等』（岩波書店）、論文に「「総中流の思想」とは何だったのか」（「思想地図」vol.2）など

［編者略歴］
東京大学社会科学研究所附属
社会調査・データアーカイブ研究センター
（とうきょうだいがくしゃかいかがくけんきゅうじょふぞく
しゃかいちょうさ・データアーカイブけんきゅうセンター）
東京大学社会科学研究所は、「平和民主国家及び文化日本建設のための、真に科学的な調査研究を目指す機関」として1946年に東京大学に設置された研究所である。法学・政治学・経済学・社会学の4つのディシプリンにまたがる総合的な社会科学の研究所であることを特徴とし、多分野のスタッフが参加する共同研究の推進、社会科学研究のインフラ整備、量的・質的に充実した調査研究活動を実施している。また、英文の社会科学専門誌 *Social Science Japan Journal*（SSJJ）を刊行して、日本の社会科学研究の成果を世界に発信している

青弓社ライブラリー99

総中流《そうちゅうりゅう》の始《はじ》まり　団地と生活時間の戦後史

発行――2019年11月25日　第1刷
定価――1600円＋税

編著者――渡邉大輔／相澤真一／森 直人
編者――東京大学社会科学研究所附属
社会調査・データアーカイブ研究センター

発行者――矢野恵二
発行所――株式会社青弓社
〒162-0801 東京都新宿区山吹町337
電話 03-3268-0381（代）
http://www.seikyusha.co.jp
印刷所――三松堂
製本所――三松堂

ISBN978-4-7872-3462-9　C0336